꼬불꼬불나라의
# 문명이야기

에듀텔링 009

## 꼬불꼬불나라의 문명이야기

초판 1쇄 발행 | 2018년 11월 26일
초판 3쇄 발행 | 2021년 9월 15일

지은이 | 서해경
그린이 | 김용길
펴낸이 | 나힘찬

기획총괄 | 김영주
디자인총괄 | 고문화
인쇄총괄 | 야진북스
유통총괄 | 북패스
펴낸곳 | 풀빛미디어

등록 | 1998년 1월 12일 제2021-000055호
주소 | (10411) 경기도 고양시 일산동구 정발산로 166번길 21-9
전화 | 031-903-0210
팩스 | 02-6455-2026

이메일 | sightman@naver.com
블로그 | blog.naver.com/pulbitme
인스타그램 | @pulbitmedia_books
페이스북 | www.facebook.com/pulbitmedia

ISBN 978-89-6734-095-7 74300
ISBN 978-89-88135-74-7 (세트)

- 이 도서는 한국출판문화산업진흥원의 출판콘텐츠 창작 자금 지원 사업의 일환으로 국민체육진흥기금을 지원받아 제작되었습니다.
- 책값은 뒤표지에 있습니다.
- 파본은 구매하신 서점에서 바꾸어 드립니다.
- 저작권법에 따라 보호받는 저작물이므로 무단 전재와 복제를 금합니다.

┌─ 어린이제품 안전특별법에 의한 기타표시사항 ─
**제품명** 도서 | **제조자명** 풀빛미디어 | **제조년월** 2021년 9월 | **사용연령** 8세 이상 | **제조국명** 한국
**주소 (10411)** 경기도 고양시 일산동구 정발산로 166번길 21-9 | **전화번호** 031-903-0210

# 꼬불꼬불나라의 문명이야기

서해경 글 | 김용길 그림

풀빛미디어

## 머리말

어느 먼 곳에 꼬불꼬불나라가 있어요. 팔자수염을 멋있게 기른 수염왕이 다스리던 나라예요. 그런데 수염왕은 제멋대로 나라를 다스리다, 국민에게 쫓겨나고 말았어요. 그 뒤, 수염왕은 많은 일을 겪었어요. 꼬불꼬불면을 만들어 팔아서 아주 큰 부자도 되고, '행복의 꽃'을 찾아 전국을 여행했죠. 전 세계를 여행하며 다양한 기후를 겪고, 그 기후에 적응해 살아가는 사람들도 만났답니다.

하지만 수염왕의 모험은 끝나지 않았어요. 이번엔 세계의 고대 문명을 탐험합니다.

수염왕은 「인류 문명의 수수께끼」 전에 관람을 갔다가, 인류의 원조 할머니 '루시'를 만나요. 루시는 수염왕에게 고대 문명이 소개된

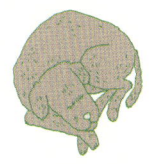

팸플릿을 주죠. 수염왕이 팸플릿을 넘기는 순간, 수염왕은 아주아주 먼 과거로 시간 여행을 떠나게 됩니다.

인류의 고향인 아프리카를 시작으로 구석기·신석기 시대를 겪고, 4대 고대 문명(고대 메소포타미아 문명·인더스 문명·이집트 문명·황허 문명)이 꽃을 피운 지역을 탐험해요. 서양 문명의 뿌리인 고대 그리스와 신비한 고대 마야에도 도착합니다. 그리고 인류의 문명이 어떻게 시작되고 발전하였는지 직접 보고 듣고 겪게 되지요.

아프리카에서 사냥하던 인류의 조상이 농사를 짓고 가축을 키우며 마을을 이룹니다. 그리고 자연을 이용하는 기술이 발전하면서 도시가 생기죠. 말과 글을 사용하게 되고 경제와 정치, 종교, 법,

학문 등이 발전했어요.

　수염왕이 처음 만난 인류의 조상은 동굴에서 살았어요. 그 전에는 나무 위에서 살았죠. 동굴에서 살던 인류가 움집을 지어 살더니, 더 시간이 지나서는 흙으로 집을 짓습니다. 흙집은 벽돌집으로 발전하고, 다양한 재료를 이용해서 높은 건물을 지을 수 있게 됩니다. 시간이 지날수록 집을 짓는 기술, 인류의 문명이 발전한 것이죠.

　수염왕은 고대 문명을 탐험하며 딱, 하나를 깨달았어요. 수염왕의 자랑, 꼬불꼬불면은 인류의 문명이 발전한 덕분에 만들 수 있었다는 사실이에요. 수염왕은 세상에서 제일 맛있는 꼬불꼬불면을 만들 수 있어요. 하지만 밀가루, 물, 고기, 파, 마늘, 양파, 버섯 같은 재료와 냄비, 가스레인지, 가스 등의 도구가 없었다면, 꼬불꼬불면

은 만들 수 없었을 테니까요.

  수염왕뿐 아니라, 우리가 누리는 모든 기술, 사용하는 물건 등은, 어느 한순간에 뚝딱 만들어진 것이 아니에요. 몇몇 사람이 발전시킨 것도 아니지요. 처음 아프리카에 인류의 조상이 나타난 이후부터 지금까지, 인류는 계속 진화하면서 문명을 발전시켰어요. 그리고 지금도 우리는 쉬지 않고 문명을 발전시키고 있지요.

  자, 지금부터 인류의 문명이 어떻게 시작되었는지 알아볼 거예요. 수염왕과 함께 고대 문명 속으로 떠날 준비가 되었나요?

서해경

**목차**

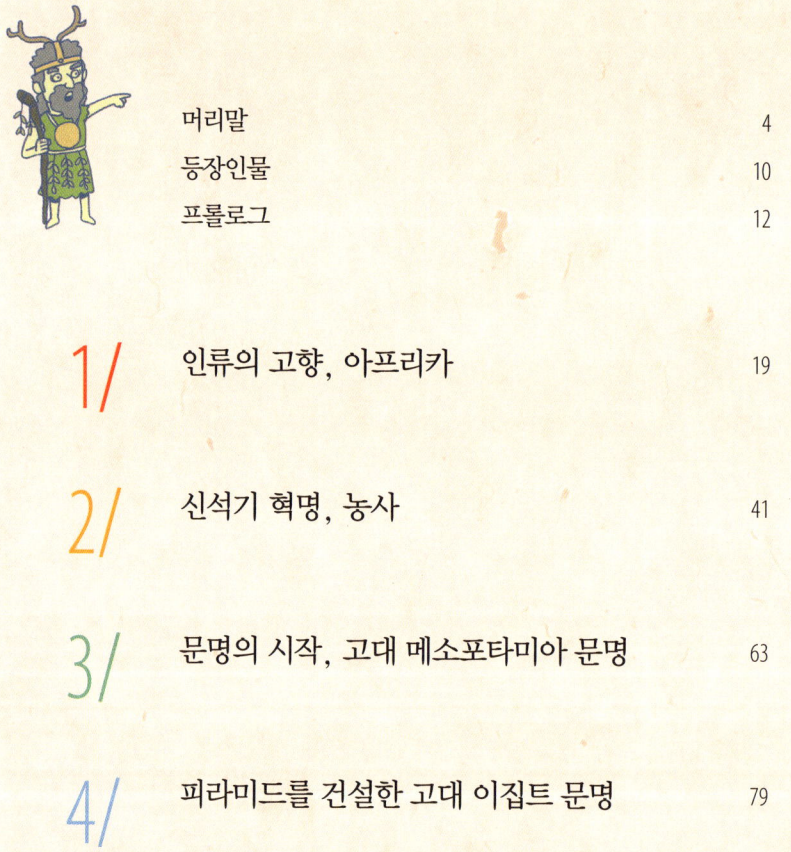

| | |
|---|---|
| 머리말 | 4 |
| 등장인물 | 10 |
| 프롤로그 | 12 |

**1/** 인류의 고향, 아프리카 — 19

**2/** 신석기 혁명, 농사 — 41

**3/** 문명의 시작, 고대 메소포타미아 문명 — 63

**4/** 피라미드를 건설한 고대 이집트 문명 — 79

**5/** 계획도시를 건설한 고대 인더스 문명　　103

**6/** 갑골문자가 밝힌 고대 황허 문명　　123

**7/** 서양 문명의 뿌리, 고대 그리스 문명　　143

**8/** 신비한 마야 문명　　167

## 등장인물

### 꼬불꼬불나라

✤ 멀고 먼 곳에, 먼 옛날일 수도, 가까운 요즘일 수도 있는 시기에 있던 나라. 대대로 팔자수염을 기른 왕들이 다스렸다. 수염왕은 꼬불꼬불나라의 마지막 왕이다.

### 수염왕

✤ 자유 민주주의를 원하는 국민에게 쫓겨난 뒤, 왕수염회사를 세우고 크게 성공한 사업가가 된다. 심술과 호기심이 가득해서, 늘 사건과 사고를 몰고 다닌다. 온난화 여사를 좋아한다.

### 세바스찬

✤ 수염왕이 다리 밑에서 만난 늙은 개. 수염왕이 감옥에 갔을 때도, 200시간 사회봉사를 하러 무지개 복지관에 갔을 때도 의리 있게 수염왕을 기다린다.

### 온난화 여사

☐ 수염왕의 비서인 성실해의 이모. 열성적인 환경 운동가로, 냉정하고 과감해 보이지만 마음은 따뜻하다. 수염왕의 고집을 꺾는 유일한 사람이다.

### 범이

☐ 수염왕이 시간 여행 중에 만난 신석기 시대 소년. 아빠는 사냥을 나갔다가 돌아가시고, 엄마와 남동생과 함께 산다. 다른 이웃들처럼, 사냥한 동물을 가축으로 키우고 싶어 한다.

### 우르사

☐ 수염왕이 고대 메소포타미아에서 만난 선원. 수염왕과는 정반대로, 착하고 낙천적인 성격이지만 수염왕과 의기투합해서 장신구 장사를 시작한다. '메소포타미아의 정의'를 보여 준다.

### 이반

☐ 수염왕이 고대 인더스에서 만난 소년. 수염왕과 함께, 계획도시 모헨조다로로 벽돌 배달을 간다. 효심이 깊고, 자연을 소중히 여긴다.

## 프롤로그

"뭐야, 뭐야? 이런 순 사기꾼들 같으니라고!「인류 문명의 수수께끼」를 전시한다기에 들어왔더니 왜 아무도 수수께끼를 안 내주는 거야! 나, 수염왕은 수수께끼를 아주 잘 푼다고!"

수염왕이 꼬불꼬불 전시관에서 방방 뛰었어. 물론 소리도 고래고래 질렀지. 전시관에서 지켜야 하는 예절? 풋, 수염왕이잖아!

"세계에서 가장 어려운 수수께끼를 만날 수 있다기에, 거금 2만 냥이나 주고 들어왔다! 하다못해 퍼즐 문제라도 내달란 말이다!"

"손님, 저, 저기 손님?"

전시회 직원이 서둘러 달려왔어. 얼굴에는 상냥한 웃음을 지은 채였지.

"저기, 혹시 착각하신 게 아닌지요? 저희는 인류 문명을 대표하는 유물을 전시하고 있습니다 수수께끼를 내는 곳, 아니고요, 수

수께끼를 푸는 곳도 아닙니다!"

"어? 그, 그래? 그럼 어쩌지? 난 내 뛰어난 추리력을 이용해서 수수께끼를 풀러 온 건데. 난 세계 문명 따위는 아무 관심도 없거든. 그러니 입장료를 환불……."

직원은 수염왕의 말이 끝나기도 전에, 수염왕의 팔을 잡고 전시실 안으로 밀어 넣었어.

"자, 여기서부터 관람하시면 됩니다. 세계 문명을 대표하는 유물과 멋진 시간을 보내시기 바랍니다."

여전히 상냥한 웃음을 지은 채, 직원은 자기 자리로 돌아가 버렸어.

"이게 뭐야? 돌덩어리들이랑 낡은 청동 거울에, 얼씨구, 저건 녹슬어서 바스러지기 직전의 철로 만든 칼이잖아? 예쁘지도 않고 새 것도 아닌 걸 전시까지 하다니……. 참나 이런 게 나랑 무슨 상관이야? 더 볼 필요도 없겠네."

수염왕은 '문명의 탄생'이라 적힌 제1전시실 입구에서 유물을 휙 둘러봤어. 그러고는 투덜거리며 전시관을 나와 버렸어.

"쳇, 괜히 돈만 버렸네."

"잠깐만, 아가야!"

전시관 계단을 내려오는데 두건을 깊숙이 뒤집어쓴 사람이 수염왕을 불렀어. 구부정하게 엉거주춤 서 있는 모습이 좀 이상했지.

"아가?"

수염왕은 주위를 둘러보았어. 하지만 주변에는 수염왕밖에 없었어.

"혹시, 나 말인가?"

수염왕이 검지로 자신을 가리켰어.

"그래, 너 말이야. 아휴, 우리 아가, 참 귀엽기도 하지."

두건을 쓴 사람이 점점 다가오자, 수염왕은 흠칫 뒤로 물러났어. 타이가 기후 지역을 탐험하다가 만난, 바바야가가 떠올랐지. 바바야가는 수염왕을 아이라고 부르며, 잡아먹으려고 했거든.

"겁낼 것 없단다. 나는 네 할미거든."

"할머니라고요? 그, 그럼 아버지 붉은 수염왕이 어렸을 때, 황금성을 떠나셨다던……? 그래서 밤마다, 아버지가 할머니를 그리워하며 눈이 퉁퉁 붓도록 우셨다던데……. 아마, 60년 전이었던가."

"엉? 아, 아니 그게 아니고. 나는 루시란다. 인류의 원조 할머니라고나 할까?"

복원된 루시의 모습 [사진: 엘리아(네덜란드, Museon Den Haag의 Lucy-Australopithecus afarensis 재건), 제공 위키피디아]

그 사람은 쓰고 있던 두건을 벗었어. 푹 눌러쓴 두건에 가려졌던 얼굴이 드러났지.

"원, 원, 원숭이세요?"

"우리 아가, 농담도 참 잘하지. 나는 사람들의 원조인 원인(原人) 이야. 이 모든 찬란한 문명이 다 내 뒤에 나타난 원시인들이 만든 셈이지."

루시는 화려한 전시관과 차가 달리는 도로, 사람들이 바쁘게 걷어가는 거리를 가리키며 말했어.

"에이, 그건 아니죠. 이 길은 할아버지 검은 수염왕이 만들었고, 요 전시관은 아버지가 만들었어요. 그리고 원시인이랑 현대 문명이랑 무슨 상관이 있다고 그러세요?"

수염왕이 고개를 절레절레 저었어.

"우리 아가, 인류 문명에 대해 아는 것이 없구나. 하지만 걱정 마라. 곧 잘 알게 될 거야. 우리 아가, 잘 가렴. 참, 이 팸플릿은 선물이야. 절대, 절대 잃어버리지 마라."

루시는 수염왕에게 「인류 문명의 수수께끼」 팸플릿을 손에 쥐여 주고는, 수염왕의 머리를 쓱 쓰다듬었어. 그리고 스르륵 사라졌어.

"허, 거참 귀신이 곡할 노릇이네. 내가 지금 누구랑 말한 거야? 옛날 물건을 전시한다더니 혹시 옛날 귀신도 부른 거 아냐?"

수염왕은 부르르 몸서리가 쳐졌어. 그래서 뒤도 안 돌아보고 집으로 달려갔어.

"온난화 여사, 우리 집에 오지 않겠소? 아무래도 내가 귀신을 본 것 같소."

"……."

"아니, 무섭다기보다는……. 흑, 그렇소. 아주아주 너무너무 엄

청나게 무섭소."

"……."

"아니오. 꿈이 아니오. 그 귀신이 준 팸플릿도 지금 내가 들고 있는걸."

"……."

"고맙소. 온난화 여사, 부디 빨리 와 주시오."

수염왕은 전화를 끊고, 탁자 위에 올려둔 팸플릿을 노려보았어. 그러다 자기도 모르게 팸플릿을 집어 들었어. 팸플릿이 자꾸만 '괜찮아, 나를 한 장만 넘겨 봐.'라고 속삭이는 것 같았지.

'꿀꺽' 수염왕은 천천히 팸플릿 첫 장을 넘겼어.

# 1
# 인류의 고향, 아프리카

"여긴 어디지?"

수염왕은 주위를 둘러봤어.

누런 풀이 무성하게 자란 초원이 펼쳐졌어. 뜨거운 햇볕과 콧구멍을 마르게 하는 건조한 공기, 그래 이건 사바나 기후야. 수염왕은 오지를 탐험하면서 만났던 세계의 기후 지역을 떠올렸어. 그럼 이곳은 아프리카?

"나한테 무슨 일이 생긴 거지? 그래, 난 분명히 집에 있었어, 맞지? 그래 맞아. 뭘 하고 있었더라? 그래, 세계 문명에 대한 팸플릿을 보고 있었어. 음, 바로 이 팸플릿이지. 그리고 온난화 여사가 집에 온다고 했지? 그렇지. 온난, 화…… 으악, 당장 집에 가야 해. 온난화 여사가 올 거라고."

수염왕은 허둥지둥 동서남북으로 내딜였어. 하지만 사빙은 온통

허리까지 자란 풀에 덮여 있고, 사람은 어디에서도 찾을 수가 없었어. 수염왕은 수풀 사이에 우뚝 서 버렸어.

"우리 아가, 빨리도 왔구나. 난 또 허수아비인 줄……?"

루시가 땅에서 솟은 듯 나타나서는, 수염왕의 허리를 콕콕 찔렀어. 그러고 보니 루시는 키가 1미터 정도밖에 안 되었지.

"으악!"

수염왕은 캥거루라도 되는 듯 공중으로 뛰어올랐어.

"헛! 하, 할머니? 여기는 어떻게? 참, 할머니, 여긴 아프리카가 맞죠? 아참, 저는 집에 가야 해요."

"횡설수설하는 걸 보니, 우리 아가가 많이 놀랐구나. 하지만 걱정 마라, 아가야. 너는 안전하게 집으로 가게 될 거야. 그 팸플릿에 나오는 유물만 찾는다면 말이야."

"진, 진짜요? 음, 그런데 할머니, 두건은 왜 벗으셨어요? 그러니까 진짜 원숭이 같잖아요."

수염왕이 루시의 얼굴을 보며 말했어.

"털이 없으면, 무엇으로 내 몸을 보호하니? 내가 살던 때는 옷이란 것도 없었다고. 그리고 너도 지금은 옷을 안 입고 있어. 옷도 시대에 따라 다르니까."

"에이, 무슨 그런 야한 농담을……. 으악, 정말이네."

수염왕은 루시를 따라갔어. 물론 풀을 엮은 앞치마를 허리에 두르는 것도 잊지 않았지. 하지만 아무리 애를 써도 전처럼 멋진 팔자수염을 만들 수는 없었어. 수염왕은 살짝 풀이 죽었어.

"제가 왜 여기에 있는 건가요?"

"잊었니? 네가 인류의 문명에 대해 큰 깨달음을 얻을 거라고 내가 말했잖아. 지구에 인류가 살기 시작한 뒤로 인류는 다른 동물과 달리 아주 빨리 진화했단다. 그리고 문명을 이루었지. 그랬기 때문에 편리하지만 복잡한 현대 문명이 가능했던 거야. 지금부터 너는 인류의 문명이 어떻게 발전했는지 보게 될 거야. 힘내렴, 몸은 다른 동물보다 약하지만, 우리는 이미 두 발로 걷기 시작했으니까."

"두 발요? 아니, 그것보다 저 혼자 가라뇨? 여기가 어딘지도 모르는데 어딜 어떻게 가라는 거예요?"

"이곳은 100만 년 전의 아프리카란다. 지금은 풀만 우거진 건조한 곳이지만, 아주 오래전에는 이곳도 숲이 우거지고 많은 동물이 살았어. 먹을 것이 풍부해서 내 조상은 나무 위에서 잘 먹고 편하게 살았지. 하지만 기후가 바뀌면서 숲이 점점 줄어들고, 조상들은

숲을 떠나서 이런 초원에서 살아야 했지. 그때 고생을 많이 하셨을 거야."

"왜요?"

"숲에서 살 때는 나무에서 나무로 나는 듯이 다녔지만, 땅에서 살아남기 위해서는 진화를 할 수밖에 없었지. 풀 너머에 사나운 동물이 있는지, 먹을거리가 있는지 보려면 두 발로 서야 했어. 두 손으로는 씨앗과 과일을 따고 아기를 안아 줬지. 가끔은 사냥도 하고. 하지만 나 같은 오스트랄로피테쿠스는 사라졌어. 나보다 더 진화한 인류가 계속 나타났거든. 그들은 두 손으로 도구를 사용하고, 고기를 먹고 불을 두려워하지 않아. 그들을 만나 보아라. 나는 바빠서 이만……."

"잠깐만요. 저 혼자 두고 가지 마세요."

"그 팸플릿에 나온 내용을 다 알게 되면 넌 집으로 돌아갈 수 있어. 힘내렴, 아가야. 참, 배움보다 안전이 제일이지? 혹 위급할 때는 팸플릿을……."

마지막 말을 마치지 못한 채, 루시는 붉게 물든 노을 속으로 빨려 들 듯 사라져 버렸어. 그리고 한순간에 어둠이 내려왔어.

"도시에서는 몰랐는데, 전기 불빛이 하나도 없는 이곳에서 보니 달빛도 환하군."

수염왕은 중얼거리며 계속 걸었어. 수풀 속에서 사나운 동물이 튀어나올 것 같아 가만히 있을 수가 없었어. 올라가서 숨을 나무도 없고, 동물과 맞서 싸울 도구도 없어. 가진 거라고는 달랑 팸플릿뿐이었지.

초원이 끝나고 낮은 언덕이 앞을 가로막았어. 찬찬히 살펴보니, 반짝, 빛이 보이는 거야. 저건 분명히 동굴이야, 그것도 모닥불이 켜진 동굴.

수염왕은 조심조심 동굴을 향해 다가갔어. 가까워질수록 동굴에서 새어 나오는 불빛이 더 환해졌어.

"거기 아무도 없나? 지나가는 나그네인데 하룻밤 신세 좀 지자고."

수염왕은 한 발짝 한 발짝 조심조심, 동굴 안으로 들어갔어. 갑자기 요란한 소리가 들리더니, 덥수룩한 머리에 역시 덥수룩한 수염이 난 남자가 나타났어.

"저, 저기, 난 수염왕인데 말이야. 나를 하룻밤만 재워 주면 안 될까? 저녁밥이랑 내일 아침밥도 주고. 그럼 내가 집에 가서 숙박비

랑 음식값을 보내 줄게."

남자는 수염왕을 위아래로 스윽 훑어봤어. 엉성한 풀 치마를 두른 수염왕은 참 이상해 보였지.

"들어오시오."

수염왕은 남자를 따라 들어갔어.

동굴 벽에 검은 그림자가 일렁였어. 동물 털을 대충 두른 원시인 이십여 명이 모닥불 주위에 모여 있었어.

"이쪽에 앉으시오."

남자들이 수염왕을 불렀어. 꾸벅 인사를 하며 동굴 바닥에 앉았지만, 수염왕은 불 옆에 놓인 고깃덩어리밖에 보이지 않았어.

"고기를 구워 줄게요."

불 옆에 앉은 여자가 고깃덩어리를 바닥에 놓고는 찍개로 자르기 시작했어. 수염왕은 너무 배가 고팠기 때문에 지저분한 바닥에 고기를 놓은 것도 상관없었어. 보기와는 달리 찍개는 날카로운 것 같았어. 어느새 고기를 스윽슥 잘라 내고 있었거든.

수염왕의 배 속에서는 아까부터 '밥을 넣어 달라! 밥을 넣어 달라!'며 시위를 하고 있었어. 고기가 익어 가며 고소한 냄새가 나자, 배 속 시위는 더 거세졌지. '밥 줘! 밥 줘!'

수염왕은 두 손으로 고기를 덥석 쥐고는 허겁지겁 물어뜯었어. 포크, 접시, 나이프 이런 것은 생각할 새도 없었지.

하지만 어찌나 고기가 질긴지, 운동화 고무창을 씹어도 이보다는 부드러울 것 같았어. 수염왕은 턱이 휙 돌아갈 정도로 세게 고기를 물어뜯은 다음엔, 고기를 씹고 씹고 또 씹고…… 100번 씹었어. 이제 삼켜 볼까 고민하고 있는데 제일 나이가 많아 보이는 남자가 수염왕에게 물었어.

"당신은 누구요?"

"수염왕."

"어쩌다 그렇게 생기게 된 건가요? 혹시 못생겼다고 무리에서 쫓겨난 건……?"

고기를 줬던 여자가 물었어.

다른 여자도 수염왕에게 바짝 다가앉으며 물었어.

"맞아. 머리털은 너무 짧고, 얼굴도 납작해. 몸도 너무 하얗고. 혹시 당신은 하늘에서 떨어졌나요?"

"땅에서 솟았지."

수염왕은 아직도 삼키지 못한 고기를 계속 씹으며 웅얼거렸어.

처음엔 경계하며 멀찍이 앉아 있던 아이들도 수염왕 옆에 앉았

어. 한 아이는 수염왕의 수염을 살짝 잡아당기고, 한 아이는 하얗고 매끈한 수염왕의 팔을 건드렸어. 그러고는 둘이 마주 보며 웃음을 터뜨렸어.

    수염왕이 보기엔, 턱은 크고 이마는 좁고, 머리털이 덥수룩한 그들의 모습이 특이했지만, 굳이 말하지 않기로 했어. 참, 그들은 루시보다 키가 크고 허리는 곧고, 몸에 털이 별로 없기는 했어.

    하룻밤을 동굴에서 잔 수염왕은 신세를 갚고 싶었어. 그래서 남자들을 따라 사냥에 나섰어.

    "이런 것으로 사냥할 수 있을까?"

    수염왕은 주먹도끼를 내려 봤어. 조금 날카로운 돌처럼 보일 뿐, 주먹도끼는 별로 믿음직하지 않았어.

    "쇠로 만든 칼 같은 건 없어? 사냥총이 있으면 더 좋고."

    수염왕이 물었지만, 그들은 무슨 말인지 모르겠다는 듯, 눈만 껌벅였어. 한숨이 절로 났지만 수염왕은 그들을 따라 빠르게 걸었어.

    제일 앞에 있던 남자가 다른 남자들에게로 살그머니 다가왔어.

    "앞에 사냥감이 있어요."

    "내가 잡을게. 이래 봬도, 내가 사냥을 꽤 잘해. 흠흠, 예전에 왕

이었을 때 사슴이랑 멧돼지를 사냥했거든. 그런데 사냥감이 뭐야?"

수염왕의 질문에, 어제 수염왕을 안내한 남자가 호수를 가리켰어. 아프리카물소 몇 마리가 물을 마시고 있었어. 뒷모습만 봐도 물소의 억센 뿔과 몸집에 주눅이 들었어.

"저렇게 큰 녀석을 사냥한다고? 힘도 세 보이고 뿔도 엄청 크잖아."

수염왕이 겁을 내자, 남자는 살짝 미소를 지으며 다시 앞을 가리켰어. 아프리카물소들 뒤로 새끼 물소의 짧은 다리와 엉덩이가 보였어.

제일 나이가 많은 남자가 무리를 셋으로 나눴어. 첫 번째 무리는 아프리카물소들을 향해 큰 소리를 지르며 달려들어서, 아프리카물소들을 사방으로 흩어 놓았어. 두 번째, 세 번째 무리는 어미 물소와 새끼 물소를 한쪽으로 몰았어. 그러고는 두 번째 무리가 어미 물소를 공격했어. 실제로 어미 물소를 찌르지는 않았지만, 사방에서 돌창으로 위협해서 어미 물소의 정신을 쏙 빼놓았지. 그사이에 세 번째 무리 중 한 명이 돌창으로 새끼 물소를 찔렀어.

음머어.

놀란 새끼 물소는 비명을 지르며 어미 곁을 떠나 달아났어. 이번

엔 첫 번째 무리가 세 번째 무리와 함께, 양쪽에서 소리를 지르며 새끼 물소를 벼랑으로 몰았어. 새끼 물소는 벼랑 끝에서 어쩔 줄 몰라 하며 애처롭게 울었어. 멀리서 어미 물소의 울음소리가 들렸어. 하지만 두 번째 무리에게 막혀 새끼에게 다가올 수 없었어. 남자들은 소리를 지르며, 새끼 물소를 벼랑으로 몰았어. 새끼 물소는 뒷걸음쳤어. 한 걸음 한 걸음……. 수염왕은 더는 보지 못하고 팸플릿으로 얼굴을 가렸어.

'쿵' 하는 소리가 벼랑 아래에서 울리고, 남자들의 환호성이 들렸어. 수염왕은 천천히 팸플릿을 내렸어. 그리고 팸플릿을 봤어. '석기를 이용해서 사냥하는 구석기인'이란 설명과 함께, 원시인들이 나무 막대에 날카롭게 자른 돌을 묶은 돌창으로 멧돼지를 찌르는 장면과 '돌날'이란 돌칼로 사냥감을 손질하는 그림이 있었어.

수염왕은 사냥에 성공해서 사람들이 배불리 먹게 되어 기뻤지만, 어미와 떨어져 어쩔 줄 몰라 하는 새끼 물소의 애처로운 눈빛이 떠올라서 마음이 불편했어.

'이제 팸플릿에 나온 유물을 다 봤군.'

인류의 첫 조상이 살았던 아프리카 초원을 둘러보는 사이, 수염왕은 시간 속으로 사라지고 있었어.

우카카카 위키키.

요란한 소리에 수염왕은 눈을 떴어. 여기서도 사냥꾼들이 사냥감을 모는 소리와 상처 입는 동물의 비명이 귀를 때렸어. 수염왕은 소리가 나는 곳으로 달렸어. 그러다 봤어. 실제로는 한 번도 본 적이 없지만, 어딘가에서 봐서 알고 있는 그 동물, 매머드였어.

'헉!'

매머드는 털가죽을 두른 채 찌르개를 들고 달려드는 사냥꾼들에게 쫓기고 있었어. 아프리카에서 만난 매머드는 생각보다는 털이 없었어. 그리고 풀과 열매를 먹는 초식동물이지만, 그다지 온순해 보이지도 않았지.

하긴 『꼬불꼬불나라의 기후』에서 만난 코끼리도 엄청 사나웠잖아! 게다가 지금은 상처까지 입어서 머리끝까지 화가 났을 거야. 그런데 고통에 몸부림치던 매머드가 수염왕과 딱, 눈이 마주쳤어. 매머드는 수염왕을 향해 돌진했어.

"엄마야!"

수염왕은 허둥지둥 팸플릿을 한 장, 넘겼어. 지금 이 순간은 매머드를 만난 게 전혀 기쁘지 않았지.

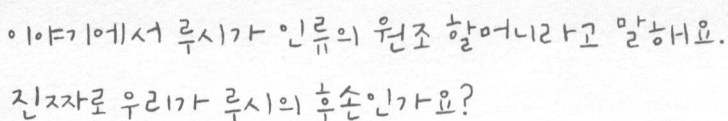
이야기에서 루시가 인류의 원조 할머니라고 말해요.
진짜로 우리가 루시의 후손인가요?

지구가 생긴 약 46억 년 전에는, 지금 지구에 사는 다른 생물처럼, 인류도 지구에 없었어. 인류는 약 400~500만 년 전에 아프리카에서 처음 나타났어. 남쪽에 사는 원숭이 '오스트랄로피테쿠스'지. 루시가 오스트랄로피테쿠스야. 루시는 약 318만 년 전에 살았다고 하는데, 사실 루시보다 더 오래된 화석도 발견되고 있어. (700만 년 전에 살았던 사헬란트로푸스 차덴시스도 발견되었어. 투마이라는 별명이 있는데, '삶의 희망'이라는 뜻이야.)

솔직히, 지금부터 수백만 년 전에 지구에 살다가 멸종한 최초의 인류를 찾기란 참 어려운 일이야. 인류가 어떻게 진화했는지를 밝히는 것도 어렵지. 지금까지 밝혀진 내용도 화석을 찾아서 연구해 알아낸 거야. 언제든지 더 오래전의 화석이나 우리가 몰랐던 인류의 진화 과정에 나타난 새로운 원시인을 찾을 수 있어. 하지만 지금까지 밝혀진 인류의 기원을 아는 것도 중요하겠지?

이제, 친구의 질문에 대답해야겠다. 사실 루시는 인류의 직접 조상은 아니야. 그럼 왜, 이야기에 루시를 등장시켜서 헷갈리게 하냐고? 루시가 지금까지 발견된 화석 중 가장 온전한 상태로 발견되었기 때문에 오스트랄로피테쿠스를 연구하는 데 큰 도움이 되었거든. 그리고 루시가 여성이기 때문에 '인류의 어머니'라고도 불리지.

여기서 문득, 그럼 오스트랄로피테쿠스는 어떻게 나타나게 되었는지 궁금해지지 않니?

그 당시의 아프리카는 열매가 주렁주렁 매달린 나무가 우거진 곳이었어. 그런데 빙하기가 되면서 지구의 기온이 낮아지고 건조해졌어. 아프리카의 숲은 줄어들고 그 자리에 초원이 생겼어.

숲에서 살던 오스트랄로피테쿠스는 먹이를 찾아 땅으로 내려왔어. 땅에서는 먹이를 찾거나 위험한 동물을 피하려면 두 발(뒷발)로 서는 게 유리했어. 일어서면 더 멀리 보고, 두 발로 걷는 게 네 발로 걷는 것보다 더 빠르지.

게다가 나머지 두 발(앞발)은 자유롭게 쓸 수도 있었어. 나무에 매달린 열매를 따고 막대기나 돌멩이로 사나운 짐승을 막을 수도 있지. 네 발로 걸을 때는 땅만 보고 살았는데, 두 발로 일어서자 앞을 볼 수 있었어. 더 멀리 보고, 더 많이 볼 수 있게 되었어.

지구에는 수많은 생물이 살고 있어. 우리 인류뿐 아니라, 사자, 고래, 원숭이, 개미, 풍뎅이, 소나무 등등이 살지.

그런데도 날개도, 빠른 다리도, 날카로운 송곳니도, 힘이 세지도 않은 인류가 지구에 있는 생물 중에 가장 강한 이유는 뭘까?

인류는 사나운 동물을 가축으로 길들였어. 높은 건물을 짓고 자동차, 배, 비행기를 만들어 타고, 땅속 깊은 곳에서 자원을 캐 쓰기도 하잖아. 우주선을 발사하기도 있고.

그건 인류가 도구를 만들어 사용할 수 있고, 두뇌가 발달했기 때문이야. 그 시작은 인류가 두 발로 걸으면서란다.

두 발로 서서 걷는 것, 직립보행은 아주아주 중요해. 자유로워진 두 손으로 도구를 잡고, 만들고, 사용하게 되었다는 뜻이니까. 손을 사용하면서 두뇌도 점점 발달했어. 위에서 정보도 더 많이 알게 된다고 했지? 두뇌가 발달하면 더 편리하고 정교한 도구를 만들 수 있지. 그렇게 인류의 문명이 시작되고 지금까지도 계속 발달하고 있지.

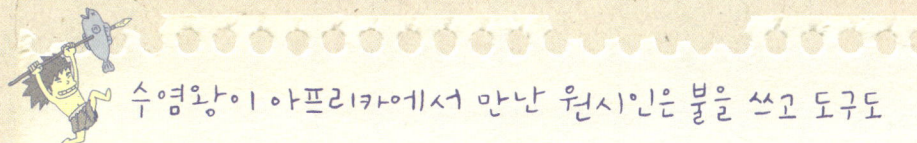

수염왕이 아프리카에서 만난 원시인은 불을 쓰고 도구도 사용해요. 그들은 어떻게 살았나요?

아프리카에서는 루시 같은 오스트랄로피테쿠스만 산 것은 아니야. 시간이 지나면서 오스트랄로피테쿠스보다 조금 더 곧게 서고 두뇌도 발달해서 더 발달한 도구를 사용하는 새로운 원시인이 나타났어. 이들을 '호모 하빌리스'라고 불러. '손재주가 있는 사람'이란 뜻이지.

그런데 오스트랄로피테쿠스는 '남쪽에 사는 원숭이'인데 왜 호모 하빌리스는 '사람'이라 부를까? '호모'라는 말은 유인원에서 사람으로 더 진화한 종을 말하거든. 뇌가 커지고, 두 발로 더 잘 걷고, 도구를 잘 잡을 수 있게 손가락이 길어지고, 엄지손가락은 다른 손가락들과 O를 만들 수 있게 진화한 상태를 말하지.

오스트랄로피테쿠스는 유인원에서 인류로 진화하는 과정에 나타났기 때문에, 인류가 어떻게 진화했는지를 밝혀줄 중요한 존재야. 그래서 최초의 인류라고 인정할 뿐이지.

호모 하빌리스 이후에도 더 진화한 새로운 인류는 계속 나타났어. 수염왕이 만난 원시인들은 '호모 에렉투스'야. '곧게 선 사람'이란 뜻이지. 이들은 우리와 매우 비슷하게 생겼어. 그 전의 원시인은 엉거주춤 섰지만, 호모 에렉투스 이후에 나타난 원시인들은 넓적다리뼈가 우리와 비슷해서 허리를 곧게 펴고 섰어. 뇌는 지금의 우리보다 작았지만 말이야.

호모 에렉투스는 불을 사용했어. 불을 만들지는 못했지만, 자연적으로 (벼락을 맞거나 아주 건조한 날에는 숲에 불이 날 수 있지.) 불이 났을 때 불붙은 나뭇가지를 가져와 이용한 것 같아. 불로 음식을 익혀 먹고, 동물의 공격을 피

할 때도 불을 이용했어. 어둠을 밝히고 추위를 쫓아 따듯할 수 있었지.

호모 에렉투스는 더 발전한 도구를 만들어 썼어. 전에는 돌끼리 부딪혀서 날카롭게 깨진 돌을 사용했지만, 이들은 큰 돌에서 작은 돌을 떼어내면서 자기가 원하는 모양의 도구를 만들었어.

구석기 시대의 각종 뗀석기 그림
(사진 제공 : 국립중앙박물관)

에이, 그게 무슨 큰 발전이냐고? 돌끼리 부딪혀서 도구를 만들 때는 '우연히' 만들어진 도구였지만, 이제는 어떤 모양의 도구를 만들지를 미리 '계획'한 다음에 만든 거야.

긁개, 자르개, 주먹도끼, 슴베찌르개, 돌칼 등을 만들었지. 이렇게 돌을 떼어내서 만든 도구를 뗀석기라 해. 그리고 뗀석기를 사용했던 시기를 구석기 시대라고 부른단다. 구석기를 사용한 시간은 무려 250만 년이나 되지.

그들은 소리를 내어 대화도 했어. 먹을 것이 어디에 있는지, 어느 곳은 위험한지, 누가 사냥감을 쫓을지 등을 말할 수 있었지. 그리고 호모 에렉투스는 동물 가죽으로 옷을 만들어서 몸을 따듯하게 보호했어. 불을 사용하고, 따뜻한 옷을 입게 된 호모 에렉투스 중 일부는 아프리카를 떠나 세계로 흩어졌어. 아시아와 유럽으로 퍼져나갔지.

## 수염왕의 문명 노트

최초의 인류인 오스트랄로피테쿠스는 400만~500만 년 전, 아프리카에서 처음 등장했다.

오스트랄로피테쿠스는 나무에서 내려와 두 발로 걸어 다녔다. 두 발로 걷게 되면서, 두 손으로 도구를 사용할 수 있었고, 점점 두뇌가 발달하고 몸도 진화했다.

(100만 년 전, 아프리카에 가서 살아 보니까, 현대 문명이 발달했다는 걸 뼈저리게 느끼게 되더라고.)

# 2
# 신석기 혁명, 농사

어느새 수염왕은 논 한가운데 서 있었어. 팸플릿을 읽어 보니, '신석기 혁명, 농사'라 적혀 있고 원뿔을 뒤집어 놓은 듯한 빗살무늬 토기와 날을 날카롭게 간 돌창, 돌칼, 돌화살촉 등의 간석기 사진이 있었어.

"'신석기 혁명'이라고? 여기에서 혁명이……?"

수염왕은 주위를 둘러봤어. 논 옆으로 움집이 옹기종이 모인 마을이 있어. 그 뒤로 강이 있고 강 너머로 나무가 우거진 낮은 산이 자리 잡고 있었어. 혁명은커녕, 옛날 시골 마을처럼 평화로워 보이는 곳이었어.

'논이 있는 걸 보니, 먹을거리는 많겠네.'

수염왕이 논둑으로 나오는데, 아이들의 웃음소리가 들렸어.

"지 아지씨 옷 좀 봐. 풀 펜디를 입었이."

"촌스러워, 촌스러워! 게다가 저 돌멩이는 왜 들고 있는 거야?"

가죽 팬티를 입은 아이 둘이 수염왕을 손가락질하며 웃음을 터뜨렸어.

"돌멩이라니, 이건 구석기에서 가져온 주먹도끼야! 그리고 또 뭐? 촌스럽다고? 이 녀석들아, 나는 지금까지 단 하루도 촌스러웠던 적이 없는 수염왕이야. 레이스가 나풀거리는 실크 블라우스랑 모피 코트가 옷장에 가득하다고."

"레, 레이……, 옷장……? 그게 뭐예요?"

아이들이 수염왕에게 다가오며 물었어.

좀 전까지 수염왕을 비웃던 모습은 간데없고 호기심으로 두 눈이 반짝였어. 신석기 아이들도 제법 귀엽구먼, 수염왕은 피식 웃음이 났어.

"그, 레이, 어쩌고가 뭔지는 모르지만, 지금은 풀 팬티는 안 입어요. 가죽옷을 입는다고요."

더 큰 아이가 고개를 저었어. 그러고 보니, 아이들이 입은 옷은 짐승의 털가죽을 몸에 대충 둘러 입던 것과는 수준이 달랐어. 꼼꼼하게 바느질이 돼 있었지.

'쳇! 저런 녀석, 꼭 있지. 어른을 이기려는 녀석 말이야! 하지만

팸플릿에 나온 신석기 시대의 유물을 보려면, 이 아이들의 도움이 꼭 필요할 거야.'

그래서 하는 수 없이, 수염왕은 얼굴 가득 웃음을 띠며 큰 아이에게 물었어.

"그, 그렇지? 팬티는 역시 가죽 팬티지. 그런데 말이야, 빗살무늬 토기와 간석기는 어디에 가면 볼 수 있니?"

"그건 이따가 얘기해 줄게요. 지금은 우리랑 낚시를 가요, 아저씨."

작은 아이가 수염왕의 팔에 매달리며 졸랐어.

"저는 석이예요. 저 형이 우리 형인데요, 범이 형이에요."

이렇게 해서 수염왕은 신석기 마을에 도착하자마자 석이, 범이 형제와 낚시를 하게 됐어.

수염왕과 석이, 범이 형제는 강에 갔어. 석이네 마을은 꼬불꼬불 흘러오던 시내가 강과 만나는 곳에 있어.

"작살로 물고기를 잡을 거예요? 아니면 낚싯바늘로?"

범이가 물었어.

옆에서 석이가 기대에 차서 수염왕을 올려다봤어.

"어허, 물고기는 당연히 낚싯바늘로 잡아야지! 기대해라, 낚시왕

이 납시었다!"

신석기 시대에는 동물 뼈를 갈아 만든 낚싯바늘을 가늘게 간 돌에 묶고, 그 돌을 다시 실에 묶어서 낚시를 했어.

수염왕은 바위 위에 올라가서 낚싯바늘을 물 아래로 드리웠어. 범이는 작살을 잡고, 매섭게 물속을 살피며 물고기를 기다렸어. 석이는 수염왕 옆에 찰싹 붙어 앉아서 싱글벙글 웃으며 수염왕의 얼굴만 보고 있었지.

"잡았다."

범이가 작살을 번쩍 들었어. 작살엔 커다란 물고기가 펄떡였어.

"또 잡았다!"

곧 이어 범이가 또 외쳤어.

"또다시 잡았다!"

이번에도 범이가 뼈작살을 높이 들어 올리며 외쳤어.

수염왕은 마음이 급해졌어. 빈손의 낚시왕이라니 말도 안 되잖아. 수염왕은 강 아래로 내려갔다가 다시 올라오고, 바위에 올라갔다가 강 속으로 들어갔다 하며 계속 낚시 장소를 바꿨어. 신석기 시대의 맑은 물속엔 물고기가 가득했지만 수염왕의 낚싯바늘을 무는 물고기는 없었지. 수염왕은 속이 부글부글 끓었어. 하지만 수염왕

이잖아.

"포기!"

수염왕은 낚싯바늘을 휙 던져 버리며 선언했어.

"이 괘씸한 물고기 녀석들! 내가 그물로 왕창 잡아 줄 테다. 범이야, 날 좀 도와다오."

수염왕은 긴 그물을 펼쳤어. 수염왕과 범이는 그물의 양 끝을 잡고, 시냇물이 강으로 흘러드는 곳을 막아섰어. 그물 아래쪽에 그물추를 묶어서 그물이 물속에 가라앉게 했지.

그물을 친 지 얼마 되지 않아, 강으로 내려오던 물고기들이 그물에 막혀 허우적댔어. 석이가 소리를 질렀어.

"우와! 물고기가 엄청 많이 잡혔어요. 역시 아저씨는 낚시왕이에요."

석이가 수염왕을 보며 손뼉을 쳤어. 범이 얼굴에도 슬그머니 미소가 번졌어.

기세등등해진 수염왕은 그물에서 큰 물고기만 골라 모래밭에 꾹 박아 놓은 빗살무늬 토기에 담았어. 나머지는 다시 강에 놓아주고 마을로 향했어.

"엄마, 우리가 물고기를 이 만큼이나 잡았어요."

석이가 움집에 들어서자마자 소리쳤어. 그 뒤를 수염왕이 쭈뼛거리며 따라 들어왔어.

"안녕하시오? 난 수염왕이오."

아이들의 엄마가 수염왕을 보고는 화덕 옆에 놓인 갈돌을 집어 들었어.

"잠깐만요, 엄마. 좀 촌스럽고 이상하게 생겼지만 좋은 아저씨예요. 아저씨랑 같이 지내도 되죠?"

범이가 수염왕을 감싸며 말했어. 석이도 '맞아, 좋은 아저씨야. 낚시도 도와줬잖아.'라며 수염왕의 손을 잡았어. 수염왕은 최대한 착한 미소를 지었어.

아이들 엄마는 잠깐 고민하더니, 이내 고개를 끄덕였어.

"범이야, 저녁 먹기 전에 사냥개에게 먹을 것을 줘야지. 아저씨랑 같이 가렴."

"네."

범이는 물고기를 담은 토기를 화덕 옆에 내려놓고, 수염왕을 잡아끌었어. 석이도 따라나섰어.

"빨리 가요."

움집 뒤에 있는 닭장에는 닭 몇 마리가 날카로운 발톱으로 바닥을 헤집으며 먹이를 찾고, 사냥개 세 마리는 빈 우리 앞에 묶여 있었어. 범이는 사냥개들에게 고기 몇 점을 던져 줬어.

이, 이것은 내 밥이란다.

"늑대 아냐?"

수염왕은 송곳니를 드러내며 으르렁거리는 사냥개를 보고 깜짝 놀랐어.

"옛날에는 늑대였는데 할아버지가 잡아서 길들였대요. 지금은 아주 순해진 거예요."

"그래? 그런데 왜 우리는 비어 있어? 혹시, 너희 집, 엄청 가난한 거냐?"

수염왕이 빈 우리를 가리켰어.

"아빠가 멧돼지 사냥을 갔다가 돌아가셨거든요. 그래서 우리는 멧돼지가 없어요. 가끔 아빠 무덤에 형이랑 국화꽃을 놓아 드려요."

"아, 물고기를 잡느라 힘을 많이 썼더니 배고프다."

석이의 말에 범이가 딴청을 피웠다. 수염왕은 그런 범이가 조금 안쓰러웠어.


범이 형제의 엄마는 바닥이 평평한 토기에서 쌀을 한 줌 꺼냈어. 작년에 농사를 지은 쌀을 진흙으로 빚은 토기에 보관해 둔 거야.

"아무리 신석기 시대지만, 껍질째로 쌀을 먹지는 않겠지?"

수염왕의 말이 끝나기 무섭게, 아이들 엄마가 갈판에 쌀알을 올리고 갈돌로 힘차게 밀었어. 여러 개를 겹쳐서 찬 조개 팔찌가 팔목에서 짤랑거렸어. 쌀알은 금세 껍질이 벗겨지고 가루로 부서졌어.

"저는 불을 피울게요."

범이는 화덕에 마른 풀을 쌓고, 그 앞에서 부싯돌을 서로 부딪쳤어. 몇 번 불이 번쩍이더니 바싹 마른 풀에서 하얀 연기가 가늘게 올라왔어. 불꽃이 보이자, 옆에 앉은 석이가 잽싸게 '후' 하고 바람을 불어넣었어. 불길이 확 살아나서 나뭇가지에 옮겨붙었어.

아이들 엄마가 다른 토기에 쌀가루를 넣고 물을 부어 화덕 불에 올렸어. 금세 죽이 보글보글 끓었어.

과거로 여행을 떠나기 전에는 몰랐는데, 쌀 냄새가 이렇게 달콤할 줄이야. 수염왕은 입에 침이 고였어.

죽을 호호 불어서 호로록 마시는 동안, 꼬치에 꿴 물고기가 화덕 위에 올려졌어. 고소한 냄새가 코를 찔렀어. 수염왕은 뜨거운 것도 잊고, 구운 생선을 덥석 물었어. 역시 자연에서 갓 잡은 고기라 맛있군, 감탄이 절로 났지.

다음날 아침, 수염왕과 범이는 무너진 논둑을 세웠어. 손으로 흙을 돋우어 논둑을 높이고 다시 발로 밟아 단단하게 만들었지. 논둑을 세운 뒤에는 마을 앞 시내부터 논까지 물길을 냈어. 돌삽으로 흙

을 퍼내 물길을 만들어, 시냇물이 논까지 들어오게 하는 거야.

"아이고, 허리야! 허리가 끊어지겠어!"

수염왕이 허리를 펴자, '우두둑' 하는 소리가 났어. 계속 고개를 숙이고 일했더니 현기증도 나고 배도 고팠지.

"그런데 여기가 다 너네 논밭이냐? 제법 넓은데?"

"아니에요. 농사는 마을 사람들이 함께 짓고 수확한 곡식도 함께 나눠요. 언제까지 그럴지는 모르지만요."

범이네 마을 사람들은 함께 일하고 함께 나눴어. 내 것, 네 것이 따로 없었지. 하지만 농작물이 남고, 사냥한 동물을 먹고도 남게 되자 사람들 생각이 바뀌었대. 더 많이 일한 사람이 남은 먹을거리를 가져야 한다고 생각한 거야. 그래서 고기는 나눠 먹지만, 남은 동물은 사냥꾼들만 가축으로 키울 수 있었지.

"그래? 그래서 너희 집 우리에는 돼지가 없는 거군. 좋아! 가자!"

수염왕은 돌삽을 던져 버리고는 논둑길을 걸어갔어.

"우리는 지금부터 사냥을 갈 거야. 내가 말 안 했던가? 나 수염왕은 사냥왕이라고."

수염왕이 범이를 보며 한쪽 눈을 찡긋했어.

"신난다!"

범이가 두 팔을 휘두르며 펄쩍 뛰어올랐어.

수염왕과 범이는 사냥개 세 마리를 몽땅 이끌고, 아니 이끌려서 숲으로 들어갔어. 엄마에게 이르겠다고 협박하는 통에, 석이도 함께였지.

수염왕은 튼튼한 밧줄 두 가닥에 각각 둥근 돌멩이를 묶었어. 그러고는 밧줄 끝을 서로 묶어서 한 손에 거머쥘 수 있게 했어.

"이게 볼라라는 무기란다. 요걸 머리 위에서 휙휙 돌리다 사냥감에게 던지면, 휘익 날아가서 사냥감의 다리를 꽉 묶어 버리는 거지. 물론 사냥총보다는 못 하지만 나름대로 쓸모 있을 거야."

범이와 석이는 감탄이 가득한 눈으로 수염왕을 올려다봤어.

"그럼 이제, 멧돼지를 찾아봐요."

그때 사냥개들이 사납게 짖었어. 범이가 놓아주자, 사냥개들은 숲 안쪽으로 바람처럼 달려갔어.

"사냥감을 찾았나 봐요. 우리도 가요."

세 사람은 사냥개를 뒤쫓았어. 사냥개가 짖는 요란한 소리가 점점 가까워졌어.

"지기예요."

범이가 가리켰어. 큰 바위들에 둘러싸인 곳이었어. 멧돼지가 사냥개들에게 쫓겨 바위 밑에서 갈팡질팡하고 있었지.

수염왕은 멧돼지를 향해 볼라를 힘껏 던졌어. 볼라는 이십여 미터를 날아가서 정확하게 멧돼지의 뒷다리에 감겼어. 두 다리가 묶이자, 멧돼지가 중심을 잃고 넘어졌어. 범이가 소리를 지르며 멧돼지에게 달려들었어. 늘 가지고 다니던 아빠의 돌칼을 든 채였지.

"죽이면 안 돼! 우리에 넣어야지."

석이가 놀라서 소리쳤어. 범이가 움찔하더니, 돌칼을 내려놓고, 사납게 버둥거리는 멧돼지의 앞다리를 밧줄로 단단히 묶었어. 볼라에 감긴 뒷다리도 다시 묶었지. 멧돼지는 바닥에 쓰러진 채로도, 여전히 송곳니로 바닥을 헤집으며 거칠게 버둥거렸어.

"이 녀석을 어떻게 집까지 옮기죠?"

그제야 범이가 수염왕과 석이를 보며 웃었어. 하지만 수염왕은 대답할 시간이 없었어. 팸플릿에 나온 신석기 시대의 돌칼마저 봤으니 다음 문명을 보러 떠나야 했지.

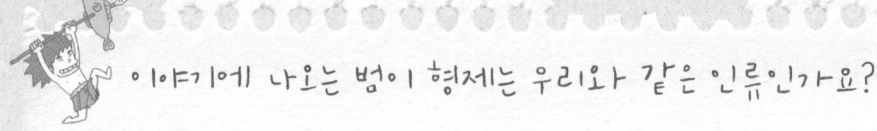
이야기에 나오는 범이 형제는 우리와 같은 인류인가요?

시간이 아주 많이 지나, 오스트랄로피테쿠스가 멸종하고, 호모 에렉투스가 세계로 퍼져 나간 뒤에도 인류의 진화는 계속되었어. 그러다 아프리카에서 '호모 사피엔스'가 나타났어. 슬기로운 사람이란 뜻의 호모 사피엔스는 우리의 직접 조상이야. 그리고 이들에서 진화한 호모 사피엔스사피엔스(매우 슬기로운 사람)가 지금의 우리야. 지금 지구에 살아 있는 사람이라서, 현생인류라고 불러.

범이 가족은 우리와 같은 현생인류야. 이들은 우리와 몸뿐 아니라 두뇌의 크기도 같아. 발달한 두뇌로 더 정교한 도구를 만들고 사회도 더 복잡해졌어. 사냥 기술이 발달하고, 여러 사람이 함께 사냥했기에 매머드, 순록, 코뿔소 같은 큰 동물도 사냥했어. 나무 열매나 곡식알을 채집해서 먹기도 했지. 더 먹을 것을 구할 수 없으면 다른 곳으로 이동했어.

그런데 기원전 1만 년 전쯤부터 빙하기가 끝나고 날씨가 다시 따뜻해졌어. 사냥할 동물도 늘어나고 나무도 열매를 더 많이 맺었어. 특히 강이나 호수 주변엔 먹을 것이 많아서 오래 머물러 살 수 있었지.

그러다 보니 새로운 사실을 알게 된 거야. 잠깐 머물다 다른 곳으로 떠날 때는 몰랐는데, 한곳에 오래 있다 보니, 씨앗이 땅속에 묻힌 다음에 싹이 나고 자라서 다시 열매를 맺는 것을 발견한 거지.

우리에겐 당연한 일이지만, 그들에겐 놀라운 발견이었어. 이 발견은, 인류 문명이 발달하는 데 아주아주 큰 영향을 준단다. 어떤 영향을 주는지는 뒤에서 알아볼 거야.

생활이 바뀌자, 필요한 도구도 바뀌었어. 이전엔 뗀석기를 사용했는데, 1만 년 전쯤부터는 돌을 갈아서 원하는 도구를 만들었어. 이런 도구를 간석기(갈아 만든 석기)라고 부르고, 간석기를 사용한 시기를, 새로운 석기를 사용한 시기라는 뜻으로 신석기 시대라고 부르지. (신석기 시대 다음에 오는 청동기 시대에도 일반 백성은 간석기를 사용했어. 청동기는 아주 귀했거든.) 돌을 갈아서 도구를 만들면 더 정교하게 만들 수 있어. 날카로운 화살촉과 칼, 농사 도구를 만들 수 있었지.

한곳에 머물러 살게 되자, 튼튼하고 안전한 집이 필요했어. 지금도 몽골의 유목민은 가축에게 먹일 풀을 찾아 이동하며 살기 때문에 천막을 들고 다니며, 천막에서 살잖아.

이동하면서 살 때는 동굴에서 살거나 비바람을 피할 정도로만 대충 집을 지었는데, 이제 한곳에서 살게 되니 가족이 오래 머물 집이 필요했지. 그래서 움집을 지어서 살았어. 땅을 평평하게 파고 기둥을 세운 다음, 짚으로 지붕을 덮었지. 집 안에는 화덕을 만들어서 불을 피웠어. 음식을 만들고 난방도 되었지.

돌만 갈아서 사용한 건 아니야. 동물의 뼈와 상아도 갈아서 도구를 만들었지. 낚싯바늘도 만들고 동물뼈를 아주아주 가늘게 갈아서 바늘도 만들었어. 바늘에 실을 꿰어 옷을 만들었는데, 나중엔 돌가락바퀴를 이용해서 천을 짰어. 뼈바늘과 가락바퀴 덕분에 천으로 옷을 만들 수 있었어.

예술도 발달했어. 동굴 벽에 그림을 그리고 진흙을 빚거나 상아, 돌 등을 깎아서 조각상을 만들었어. 조개껍데기로 장신구를 만들고 죽은 사람을 기리며 무덤을 만들었지. 태양과 강, 비 등의 자연을 신으로 섬기기도 했어. 단순했지만 예술과 종교가 시작되어 점차 발전했단다.

> 위에서 씨앗이 자라서 열매를 맺는 것을 알게 된 게 아주아주 중요하다고 하셨죠? 어떤 점이 중요한 거죠?

사냥감을 찾아다니고, 나무 열매나 야생 곡식을 따 먹으며 살았을 때는 항상 돌아다녀야 했다고 했지? 그러다 씨앗이 땅에 묻히면 싹이 트고, 그 싹이 자라 다시 열매를 맺는 것을 알게 되었다고 말이야. 그럼, 씨앗을 땅에 심고 기다리면 어떨까? 열매를 먹을 수 있겠지. 인류는 이런 깨달음을 얻은 뒤, 정말로 땅에 씨앗을 뿌렸어. 농사를 시작한 거야. 그리고 한곳에 머물러 살게 되었지.

농사를 짓는 기술도 발전했어. 씨앗이 잘 자라려면 물이 필요하다는 것을 알게 되고, 저수지, 수로(물길) 같은 관개 시설을 만들었어. 농작물이 먹을 영양분을 빼앗아 먹는 잡초도 뽑아 줬어. 농작물이 잘 자라라고 단단한 흙을 부드럽게 갈아 줬지.

사냥하며 살 때는, 동물을 공격할 돌창과 돌화살이 필요했지만, 농사를 지은 다음에는 다른 도구가 필요했어. 농사지을 땅을 만들려면 땅을 파고 나무뿌리도 캐 버려야 했는데 이때는 돌보습을 썼어. 밭을 가는 돌괭이도 필요했지. 곡식이 맺힌 농작물을 자를 반달 돌칼과 돌낫도 만들었어.

한국 신석기시대 빗살무늬 토기,
서울특별시 강동구 출토 (사진 제공: 국립중앙박물관)

범이 엄마가 곡식의 껍질을 벗기고 곡식알을 갈았던 갈판과 갈돌도 만들었지.

작은 갈고리를 매단 낚싯대와 그물을 만들어서 물고기도 잡았어. 이때도 사냥하고, 나무 열매와 먹을 수 있는 풀을 채집해서 먹었어.

농사를 짓게 되자, 먹을 것이 풍부해졌어. 농작물을 수확하면 한꺼번에 곡식이 많이 생기잖아. 곡식을 담아 보관할 도구가 필요했지. 그래서 신석기 시대 사람은 흙을 빚어서 토기를 만들었어. 신석기 시대에는 바닥이 평평한 토기도 썼지만, 대표적인 토기는 고깔처럼 바닥이 뾰족한 빗살무늬 토기야. 빗살무늬 토기는 뾰족한 갈대 같은 것으로 선을 그어 문양을 넣었어.

토기에는 고기도 보관했어. 가축을 기른 것도 이때부터야. 최초의 가축은 늑대를 길들인 개였어. 개는 사냥을 돕기도 했고 다른 가축을 지키는 역할도 했지. 그 뒤에는 소, 돼지, 염소, 양, 닭 등의 가축을 길렀어.

가축을 기르면서 사람의 생활은 많이 바뀌었어. 지금까지는 고기를 먹고 동물 가죽을 구하려면 사냥을 해야 했는데, 가축을 기른 다음부터는 사냥을 하지 않아도 고기를 먹을 수 있었어. 가축의 젖과 달걀도 먹을 수 있지. 가축은 새끼를 낳기 때문에 점점 가축 수가 늘고, 사냥을 줄일 수 있었지.

농사를 시작한 것은 '신석기 혁명'이라 부를 만큼 사람의 생활을 바꿔놨어. 이제 사람은 먹을 것을 찾아 돌아다니지 않아도 되고 굶어 죽는 일도 적었지. 농사를 지을 수 있는 곳에 사람이 모여들었어. 인구가 점점 늘어나고 마을이 만들어졌어.

농사를 잘 지으려면 무엇보다 물과 태양이 중요하지? 신석기 시대 사람은 비가 오지 않을 때는 비가 오게 해 달라고 하늘에 빌었어. 자연 신에게 제사를 지낸 거야. 원시 종교가 생겼지.

먹을 것에 대한 걱정이 줄어드니까 다른 일을 할 여유도 생겼어. 자기 생각을 그림이나 조각으로 표현했어. 예술이 시작된 거야.

그리고 한곳에 머물러 살게 되자, 다른 사람의 기술을 배울 수 있었어. 자식에게도 기술을 물려주고 자식들은 그 기술을 발전시켜서 더 발전한 기술을 개발했지.

도구도 점점 더 다양하고 정교해졌어. 농사를 짓기 전과 농사를 지은 이후의 생활은 완전히 달라진 거야. 이런 변화 속에서 인류의 문명이 태어났단다.

### 수염왕의 문명 노트

먹을 것을 찾아 떠돌아다니던 원시인들은 강이나 호수 근처에 정착해서 농사를 짓게 되었다.

농사를 지으니 먹을 것이 많아지고, 다른 일을 할 여유가 생겼다. 더 발전한 도구를 만들고 종교와 예술도 시작되었다.

(지금 생각해 보니, 인류가 농사를 짓게 된 건, 신석기 시대의 혁명이야, 암!)

# 3

# 문명의 시작, 고대 메소포타미아 문명

"아, 잘 잤다."

수염왕은 기지개를 켰어. 그네라도 탄 듯, 몸이 위아래로 출렁였어.

"이봐, 얼른 돛을 내리라고, 메소포타미아의 항구에 도착했잖아."

우르사가 수염왕에게 소리쳤어.

"뭐? 돛? 메조소프라노……?"

수염왕은 머리를 흔들어 잠을 쫓고, 팸플릿을 읽어 봤어.

'고대 문명의 시작, 메소포타미아'라는 제목 아래, 사진들과 설명이 잔뜩 있었어. 하지만 우르사의 재촉에, 수염왕은 팸플릿을 품에 넣고는 밧줄을 당겨서 돛을 내렸어. 그리고 우르사를 따라, 이집트에서 수입한 금과 인더스에서 수입한 면 옷간과 루비, 청금석을 향구에 내렸어.

"내 수준에 맞게 왕이나 귀족, 뭐 이런 사람으로 만들어 주면 안 되나?"

수염왕은 투덜거렸어.

수염왕은 일이 끝나자마자, 항구 옆 시장으로 달려갔어. 우르사와 함께였지. 수염왕은 옷을 사려고 해. 선원들이 수염왕의 가죽바지를 보며 배를 잡고 웃었거든. 범이 형제의 엄마가 만들어 준 귀한 가죽바지였지만, 웃음거리가 되고 싶진 않았어.

이곳은 고대 문명이 가장 먼저 발생한 메소포타미아 지역이야. 그래서인지 메소포타미아의 시장은 다양한 상품과 상인, 손님 들로 북적였어. 염소, 양, 곡식, 옷감, 금속과 장신구를 파는 장사꾼들이 목청껏 손님을 부르고 있었지.

"여기는 국제 시장이야? 저 사람은 이곳 출신이 아닌 것 같은데?"

수염왕이 건어물을 사고 있는 인도 사람을 가리켰어.

"이곳은 티그리스강과 유프라테스강 사이에 있잖아. 곡식이 잘 자라고 목축을 하기에도 좋지. 하지만 산에서 나는 목재, 금속, 돌은 부족하거든. 그래서 먹을 것을 수출하고, 부족한 금속, 석재를

수입하는 무역과 상업이 발달했어."

"그래? 이곳 메소포타미아에서는 뭐가 제일 유명한데?"

수염왕이 배에서 슬쩍 본 팸플릿의 내용을 떠올리며 물었어.

"먹을거리가 풍부하지. 맥주와 포도주를 처음 만든 곳이 여기야. 참, 수레바퀴를 발명해서 짐을 더 많이, 더 빨리 옮길 수 있게 되었어. 그전에는 소에 짐을 싣거나, 이렇게 직접 등에 짐을 지고 다녔지."

우르사는 허리를 굽혀, 짐을 진 시늉을 했어.

"그래서 자네 허리가 그렇게 휘었구먼?"

"딱 맞췄네!"

우르사가 장난스럽게 웃었어.

이야기하는 사이, 옷가게에 도착했어. 수염왕은 선장에게 받은 봉급을 거의 다 털어서 제일 비싼, 양털 가죽을 층층이 이어 붙인 허리두르개를 샀어.

"와, 자네. 정말 통이 크군. 나랑 같이 장신구 장사를 해 보지 않겠나?"

우르사가 수염왕에게 제안했어. 달리 갈 곳도 없고, 오라는 사람도 없던 차라 수염왕은 제안을 받아들였어.

"저 건물은 뭔가? 이곳에서 제일 크고 높은 건물 같은데?"

시장을 나서자, 건물들 사이로 계단식 피라미드처럼 생긴 큰 건물이 보였어.

"저곳은 지구라트야. 신을 모시는 신전탑이야."

그런데 수염왕을 보며 걷느라, 우르사가 모퉁이를 돌아 나오는 남자를 미처 보지 못했어. 두 사람이 부딪히고, 남자가 길에 나동그라졌어. 수염왕이 달려가 남자를 일으켰어.

"헉!"

수염왕이 놀라 손으로 입을 가렸어. 남자의 입에서 피가 주르륵 흐르고 앞니가 휑했어. 앞니가 2개나 부러진 거야.

수염왕은 안절부절못했어. 당장에라도 남자가 관청에 신고해서 우르사를 감옥에 끌고 갈 것 같았어. 꼬불꼬불나라의 법은 그러니까 말이야. 우르사도 달려와 남자에게 고개를 숙였어.

"정말 미안합니다. 그런데 제게는 2셰켈이 없습니다. 하지만 꼭 보상하겠습니다."

그러자 그 남자는 화를 내지도 않고, 고개를 끄덕였어. 그러고는 어깨에 비스듬히 멘 가죽가방에서 손수건을 꺼내 피를 닦았어.

남자가 화를 내지 않아 수염왕은 안심이었어. 그런데 곧이어 그

남자도 우르사도 이상하게 행동하는 거야.

　우르사와 그 남자는 서로 위치를 바꿨어. 그 남자가 한 것처럼, 우르사가 모퉁이를 돌아 나오자 그 남자가 세게 우르와 부딪쳤어. 이번엔 우르사가 나동그라졌어. 주르륵, 우르사의 입에서 피가 흘렀어.

　수염왕은 깜짝 놀라서 우르사에게 달려갔어.

　"아프지, 아프지, 엄청 아프지? 앗, 우르사, 자네도 앞니가 2개나 부러졌네."

　수염왕이 우르사의 상태를 확인하고는 그 남자에게 소리쳤어.

　"너, 메소포타미아를 주름잡는 폭력배냐?"

　그런데 우르사가 일어나서 그 남자에게 다가가더니, 손바닥에 앞니 2개를 뱉어서 보여 주는 거야.

　"이보시오. 이제 내가 당신의 상처를 보상했으니 나를 용서하시오."

　"그렇군. 우리의 정의가 잘 지켜졌군. 그럼, 난 가보겠소."

　'이게 도대체 어떤 상황이지? 뭐가 보상한 거고, 뭐가 정의롭다는 거야. 두 남자 모두 앞니 2개가 부러진 것 말이야?'

　수염왕은 어리벙벙했어. 아무리 법이 나라와 시대에 따라 바뀐다

지만……. 하지만 수염왕은 우르사의 편해진 얼굴을 보니 아무 말도 할 수 없었어.

"저 사람에게 상처를 입혀서 미안했는데, 이제 홀가분하군. 하하하. 메소포타미아의 정의가 실현됐다!"

"웃지 마, 앞니 사이로 바람 빠져! 그나저나 이곳에 치과는 있나 모르겠네."

수염왕도 같이 웃을 수밖에 없었지.

다음날부터 두 사람은 장신구 장사를 시작했어. 그런데 첫 손님이 밉살맞은 손님이었어. 아침에 장신구를 사 가더니, 오후에 되돌아와서는 돈을 돌려 달라는 거야.

"손님, 금비녀 1개, 금귀걸이 2개, 청금석팔찌 2개를 사셨잖습니까?"

"어머 어머 어머! 이 아저씨 좀 봐! 이 비녀는 원래 내 거예요. 집에서 나올 때부터 하고 있던 거라고요. 그러니까 비녀도 안 주고 받은 내 비녀값 돌려줘요, 얼른!"

수염왕은 화가 치밀어서 팔자수염이 부들부들 떨렸어. 그러자 우르사가 손님에게 쐐기문자로 적은 점토판을 보여 줬어.

"손님, 이 점토판 영수증에 분명히, 금비녀 1개, 금귀걸이 2개, 청금석팔찌 2개를 사셨다고 새겨져 있지 않습니까?"

"내가 그걸 어떻게 믿어요? 당신들 마음대로 새겼겠지."

"이 영수증을 보세요. 손님이 직접 서명도 하셨잖아요."

"아이, 난 몰라요. 당장 비녀값을 돌려주지 않으면 법대로 하겠어요."

손님은 막무가내였어.

"여기도 법이 있어? 어제는 당사자들끼리 해결했잖아?"

수염왕이 우르사에게 슬쩍 물었어.

"여러 사람이 모여 사는 곳이니 당연히 규칙은 있지. 이곳에서는 자기가 저지른 죄와 같은 벌을 받지만."

"이런 경우에는 나한테 죄를 묻기 어렵잖아?"

"아마 지구라트를 쌓는 노동형을 받을 거야. 달이 찼다 기우는 한 달 정도……?"

"한 달이나 노동해야 한다고?"

"억울하지만 그냥 비녀값을 돌려줌세. 첫 손님인데 재판까지 받을 수는 없잖나."

우르사가 손님에게 비녀값을 돌려줬어.

수염왕은 불만 가득한 얼굴로 손님을 노려봤어. 너무 착한 우르사가 걱정도 됐지. 하지만 팸플릿에 나온 점토판을 본 뒤라, 수염왕은 다음 문명으로 떠나야 했어.

왜 강에서 문명이 발생했을까요?

문명은 문화와 달라. 인류가 지능이 발달하면서 도구를 사용한 '구석기 시대', 혹은 '구석기 문화'라고는 해도, '구석기 문명'이라는 말은 잘 사용하지 않지. 그 이유는, 문명은 '눈에 보이는 발전'을 말하기 때문이야. 물질과 기술이 발전하는 것이지. 문명은 보통, 다양한 일을 하는 많은 사람이 모여 사는 도시와 그들이 대화한 말과 기록을 남길 문자가 있는 상태를 말하지.

앗, 미안! 왜 강에서 문명이 발달했냐는 질문에 대답은 안 하고 다른 말만 했구나. 사람의 몸은 70퍼센트가 물이야. 그래서 물을 마시지 않고는 3일 이상을 버티기 어렵다고 하지. 그만큼 물은 사람에게 소중해. 당연히 물이 있는 곳에 사람이 모여 살 수밖에 없지.

그리고 농사를 지으려면 물이 필요해. 게다가 강 주변의 땅은 영양분이 많아서 농사를 짓기에 좋아. 강물이 영양분을 실어 와서 주위의 땅에 쌓기 때문에, 강 주변은 비옥한 토양이 되지.

강에서 나는 물고기와 조개 등을 잡아먹을 수도 있어. 강에 배를 띄워서 물건과 사람을 나를 수도 있지. 그뿐인가? 강은 적의 침입을 막아 주는 성벽의 역할도 하지. 강을 건너 공격하는 것은 어려우니까 말이야.

　그래서 사람은 강 주변에 모여 농사를 지으며 살았어. 점차 마을이 생기고 도시로 발전했지. 처음에는 함께 농사를 짓고 농작물도 함께 나눴어. 그러다 농작물이 먹고도 남게 되자 남은 농작물을 누가 가져가야 할지 생각하게 되었어. 이제는 네 것과 내 것을 구분하게(사유재산이라고 해.) 되었어. 좋은 땅을 차지하려고 경쟁하기도 했어. 결국 다른 사람보다 많이 가진 부자가 생겼지.

　게다가 강이 늘 친절한 것은 아니었어. 때때로 강물이 범람해서 마을을 덮치기도 하고, 때로는 가뭄으로 강물이 부족했지. 그래서 사람은 강물을 관리하는 방법을 찾았어. 댐을 쌓아 강물을 저장하고 수로를 만들어서 강물을 논밭으로 끌어들였지.

　그런데 이런 일은 몇몇 사람이 할 수 없었어. 마을 전체가 나서야 했지. 그리고 일을 지도하고 관리할 사람이 필요하게 된 거야. 이런 사람이 나중에 마을의 지도자가 된단다.

　농사에 큰 영향을 주는 태양의 신, 강물의 신 등의 자연신을 섬기는 종교가 만들어졌어. 지도자는 신에게 제물을 바치고 제사를 지내서 신을 기쁘게 해야 해. 그래야 신이 농사를 도와주고 병을 내리지도 않을 테니까. (과학이 발달하지 않은 곳에서는 자연 현상을 신으로 생각했어.)

　사람이 많아지면 다툼도 많아져. 다툼을 줄이고 평화롭게 함께 살려면 다 같이 지켜야 할 윤리와 규범이 필요해. 이를 어겼을 때 벌을 주는 법도 필요하지. 마을의 지도자는 이런 역할도 했어. 마을의 중요한 일을 맡아 하면서 지도자의 권력은 점점 더 세졌어.

　이런 마을들이 도시로 발전하고 다시 도시국가로 합쳐졌어. 가장 힘이 센 사람은 왕이 되었어. 그런 과정을 지나며 인류의 문명이 발달했어.

　대표적인 고대 문명을 '고대 4대 문명'이라고 하는데, 모두 큰 강 주변에서 발달했어. 지금부터 메소포타미아 문명을 시작으로, 4대 문명을 오래된 순서대로 알아볼 거야.

## 메소포타미아 문명이 인류의 첫 문명이라고요?

메소포타미아는 티그리스와 유프라테스라는 강 사이에 있어. 지금의 이라크에 있는 곳인데, 초승달 모양의 비옥한 땅이란다. 인류의 문명이 처음으로 발전한 곳이지. 오래전부터 사람이 모여 살았어.

땅이 비옥했기 때문에 모든 사람이 농사를 짓지 않아도, 모두가 먹고 살 만큼 먹을거리가 풍부했지. 그러자 어떤 사람은 도기(그릇)나 장신구 등을 만드는 장인이 되고, 또 어떤 사람은 다른 사람이 만든 상품을 대신 팔아 주는 상인이 되었어. 메소포타미아의 풍부한 농작물은 싣고 먼 곳으로 팔러 가고, 부족한 광물과 암석 등은 사 오는 무역상도 생겼지. 직업이 다양해진 거야.

산업이 발달하면서 더 많은 사람이 메소포타미아에 찾아왔고 인구도 더 늘었어. 여러 도시가 생겼고, 이 도시들을 중심으로 문명이 탄생했지.

최초로 문명이 시작된 곳답게, 메소포타미아에선 최초의 발명도 많았어. 산업이 발달하면 복잡한 계산을 해야 하거나, 이런저런 문제가 생길 수 있어. 수염왕에게 장신구를 사 간 손님처럼 거짓말을 하는 사람도 있지. 어떤 물건을, 몇 개나 팔았는지, 농작물을 얼마나 수확했는지, 세금은 얼마를 내야 하는지를 계산하고 또 기록해야 해. 맞아, 문자가 필요하고, 숫자도 필요해. 메소포타미아에서는 점토판에 설형문자로 기록을 남겼어. 설형문자는 쐐기문자라고도 해.

계량형도 발달했어. 세금으로 소금 한 덩이를 내라고 했는데, 나는 손톱만 한 소금 덩이를 내고, 다른 사람은 축구공만 한 소금 덩이를 낸다면 공평하지 않잖아. 그러니 똑같이 무게나 부피, 수량을 잴 수 있는 기준이 필요하지. 그게 계량형이야. 메소포타미아에선 다양한 무게의 육면체 추를 만들었어.

구리와 주석을 섞어서 청동을 만드는 기술도 메소포타미아에서 개발했어. 이전엔 석기를 썼지만, 이제 청동으로 무기와 장신구, 귀한 물건을 만들 수 있었지.

'시간'에도 관심이 많았어. 언제 강물이 넘치고, 언제 씨앗을 뿌려야 하는지 등을 알려면 달력이 필요했지. 1년을 12달이라 정하고, 1주일을 7일로 정한 것도 메소포타미아 사람들이야.

메소포타미아에선 밀과 보리 재배를 많이 했는데 빵을 처음 만든 곳도 메소포타미아야. 농사짓는 기술도 발전해서, 물이 없는 곳까지 물길을 내고 강물을 끌어와서 관개 농업을 했어. 처음 소를 이용해서 농사를 지은 곳도 메소포타미아란다.

참, 바퀴를 발명한 곳도 메소포타미아야. 에이, 겨우 바퀴를 발명한 게 뭐가 대단하냐고? 만약 바퀴가 없었다면 무거운 짐을 어떻게 나를까? 수레뿐 아니라 자전거, 자동차도 없었겠지?

메소포타미아 지역에는 여러 도시가 발전했는데, 도시마다 지구라트라는 거대한 신전탑을 세웠어. 성경에 나오는 '바벨탑'도 지구라트란다.

그리고 사회가 복잡해지면서 사람 사이의 다툼을 해결하고, 함께 지켜야 할 제도를 법으로 만들었어. 이야기에서 우르사가 길에서 부딪힌 사람과의 이야기는 최초의 성문법인 우르남무 법전(남의 이를 부러뜨리면 2셰켈을 지불하는 법조항이 있어.)과 '이에는 이, 눈에는 눈'이라는 원칙으로 유명한 함무라비 법전을 참고한 거야.

이렇게 많은 것을 발명하느라 메소포타미아 사람들은 참 바빴을 것 같지? 자, 이번엔 신비한 고대 이집트 문명을 만나 볼까.

### 수염왕의 문명 노트

**인류의 문명은 큰 강을 중심으로 발전했다.
최초의 인류 문명은 티그리스강과 유프라테스강 사이의 메소포타미아에서 시작되었다. 고대 메소포타미아 사람은 최초로 농사를 지었고, 인류에게 꼭 필요한 발명도 많이 했다.**
(고대 메소포타미아 사람들이 최초로 문자를 기록한 사람들이야. 점토판에 새겼지.)

# 4

# 피라미드를 건설한
# 고대 이집트 문명

"윽, 이번엔 내가 또 뭘 하고 있는 거야? 여긴 어디, 나는 누구……?"

수염왕은 햇볕이 쨍쨍 내리쬐는 사막에서 정신을 차렸어. 어깨에는 파피루스 줄기를 꼬아 만든 밧줄을 두르고 뭔가 아주아주 무거운 짐을 끌고 있었지. 주위를 둘러보니, 남자들이 앞·뒤·옆에서 땀을 뻘뻘 흘리며 함께 밧줄을 끌고 있었어. 밧줄은 커다란 석재를 실은 큰 수레에 연결되어 있었어. 수레에 탄 사람들이 모래에 물을 뿌려서 수레가 모래에 빠지지 않고, 앞으로 잘 끌려오도록 했어. 멀찍이 피라미드 건설 현장도 보였지. 그래, 맞아. 수염왕은 피라미드를 쌓을 석재를 나르고 있는 거야.

"영차! 아이고, 힘들어! 영차! 수염왕, 죽겠다! 영차!"

얼떨결에 수염왕도 감독관의 힘찬 구호에 맞춰 밧줄을 끌었어.

"파라오인지 파리 왕인지, 너무한 거 아냐? 아니지, 파라오란 말은 1,000년 뒤에나 쓰지. 암튼, 이건 착취야. 이렇게 힘든 일을 강제로 시킨다는 게 말이 돼?"

수염왕은 석재를 공사 현장에 나르자마자, 새로운 석재를 나르러 또 강변에 가야 한다는 것에 경악했어.

"농번기라 할 일도 없고 먹을 것도 없는데, 20년 동안이나 공사 일을 해서 먹고 살 수 있었으니 좋죠."

"우리 이집트의 신이자, 왕이신 분의 무덤을 만드는 일에 참여하는 걸 영광으로 알아야지!"

수염왕이 투덜거리자, 옆에서 함께 밧줄을 끈 아멘과 무사가 말했어.

"영광이라고? 범이가 살던 시절엔 모두가 평등했는데 지금은……. 헉!"

수염왕은 두 사람에게 말하다 말고 깜짝 놀라서, 손가락질했어.

"뭐야, 당신들 뭐야? 다 큰 남자들이 시커멓게 눈 화장을 하다니, 이상해!"

"자네, 지금 나한테 시비 거는 거야? 햇볕이 너무 강해서, 이렇게 눈 주위를 검게 칠해서 보호하는 거잖아."

무사가 솥뚜껑만 한 주먹을 흔들어 보였어.

"밥은 언제 먹나, 나는 밥심으로 일하는데?"

수염왕이 딴전을 피웠어.

"곧 점심시간이니까 조금만 참으세요."

아멘의 말에 수염왕은 기운을 내서 일꾼을 따라 나일강으로 향했어. 강변에는 2.5톤이나 되는 네모반듯한 석회암이 가득했어. 햇빛을 받아 반짝이는 석회암은 거대한 설탕 같았지. 저걸 다 옮겨야 한다니, 수염왕은 생각만 해도 끔찍했어. 하지만 수염왕은 고대 이집트의 피라미드 공사장에 왔고, 그건 수염왕이 공사 일을 해야 한다는 뜻이었어. 마음대로 도망쳤다 잡히면 어떤 벌을 받을지 알 수 없잖아.

수십 명의 남자들이 달려들어서 석회암 하나를 나무 썰매에 실었어. 남자들은 세 줄로 나눠 서서 썰매에 묶인 밧줄을 끌기 시작했어. 뜨거운 햇살을 받으며 썰매가 모래사막 위로 천천히 미끄러져 나갔어. 이런 작업을 여덟 번쯤 더하고, (아멘, 곧 점심시간이라며?), 드디어 애타게 기다리던 점심시간이야.

일꾼들은 삼삼오오 그늘에 모여, 점심을 먹었어. 파피루스로 엮은 바구니에 보리빵과 말린 대추야자, 말린 생선이 담겼어. 항아리

에는 맥주가 가득했지. 어제부터 굶었던 수염왕은 체면을 차릴 사이도 없이 보리빵을 움켜쥐고 물어뜯었어. 똑!

"악!"

수염왕이 입을 가렸어. 그러더니 손에 씹던 보리빵을 뱉었어. 갈색의 보리빵 사이에 작고 하얀 조각이 반짝였어. 수염왕은 떨리는 손으로 그 조각을 골라냈어.

"내, 내, 내 이빨이……. 나, 이빨, 빠졌어?"

수염왕이 얼빠진 표정으로 아멘을 돌아봤어.

아멘이 웃으며 고개를 끄덕였어. 그러더니 입을 쩍 벌렸어. 부서진 어금니가 보였지.

수염왕은 부러진 앞니를 주머니에 넣어 간직하려 했지만, 아마천으로 만든 이집트의 허리 두르개에는 주머니가 없었어. 수염왕은 마음을 가라앉히려고 맥주를 쭈욱 들이켰어. '으윽!' 이번엔 수염왕이 가슴을 움켜쥤어. 가슴이 타는 것 같았어.

"이집트의 맥주는 너무 진해서 요걸로 조금씩 걸러 마셔야 하잖아. 자네 정말, 이집트 사람 맞아?"

무사가 수염왕에게 거르개를 건네며, 어이없어 했어.

"이집트 기후는 덥고 건조하고, 우린 힘든 노동을 하잖아요. 그

래서 보리로 맥주를 담가먹죠. 영양소가 많으니까. 갈증을 없애 주기도 하고요."

"메소포타미아 사람들이 맥주를 발명해 줘서 정말 고맙지. 하하하."

"독한 사람들! 겨우 이런 음식을 먹고서 저 거대한 피라미드를 만들고 있었던 거야?"

수염왕이 중얼거렸어. 곱게 간 밀가루에, 고소한 버터와 달콤한 꿀, 부드러운 우유와 효소를 넣어 구운 뒤에 마지막으로 갈색 시럽을 바른 빵이, 꼬불꼬불나라에 있는 수염왕의 집 주방에 가득한데 말이야. 하지만 지금, 수염왕은 고대 이집트에 있을 뿐. 수염왕은 보리빵을 작게 부수어서 입안에 넣고 녹여 먹었어. 가끔 모래가 나왔지만, 그런대로 보리빵은 고소했어.

"아까 말이야, 피라미드를 건설하는 데 20년이나 걸렸다고 했잖아? 그럼, 피라미드 안도 엄청나겠지? 겉만 어마어마하고 속은 텅 비었을 리가 없잖아. 나랑 같이 구경할까?"

수염왕이 미소를 지으며, 무사와 아멘을 돌아봤어.

"난 반댈세! 신성한 피라미드에 발을 들여놓는 순간, 바로 죽음이야."

"아무도 피라미드 안으로 들어가는 입구를 몰라요."

"뭐? 20년이나 부려 먹고서는 구경도 못 하게 한단 말이야?"

수염왕이 소리를 질렀어.

"내 생각엔, 입구는 땅속에 있을 것 같아. 아냐, 50미터 높이쯤에 있을 거야."

"무슨 소리야. 입구는 제일 꼭대기 층에 있을 거야. 그러니 피라미드를 저렇게 높게 쌓지."

"왕의 미라를 놓는 방은 어디 있을까? 피라미드의 정중앙이라는 소문도 있고, 피라미드 지하에 방을 만들었다고도 하더군."

일꾼들은 저마다 피라미드의 입구와 왕의 매장방이 어디 있을지를 추측했어.

"나 참, 피라미드를 짓는 일꾼들에게도 숨기다니, 너무하잖아."

"도굴범이 워낙 많아서 입구를 숨기는 거죠. 문은 단단한 화강암으로 막고, 왕의 미라를 놓는 가짜 방도 여러 개 만든대요."

"하긴 이런 대단한 무덤을 만드는 왕이라면, 무덤 안에도 엄청난 보물이 가득하겠지. 이해해!"


"시대와 장소에 상관없이 점심시간은 늘 짧군."

수염왕은 투덜거리며 엉덩이에 묻은 모래를 털었어. 공사장에 있던 수천 명이 바쁘게 자기 일을 찾아 움직였어. 수염왕 일행도 석재를 나르기 위해 나일강으로 향했어.

"저거 뭐야? 저기, 저 물가에 있는, 길쭉한 저것 말이야."

수염왕이 무사의 팔을 잡으며, 강가를 가리켰어.

"나일악어? 강물이 넘쳤을 때, 떠밀려 왔나 보네.

"악어는 소베크 신을 상징하는 신성한 동물이에요. 그래서 미라도 만들어요."

"악어 미라라고?"

"네. 소 미라도 만들고, 고양이 미라, 특히 따오기 미라는 수백만 개나 있대요. 참, 따오기 알 미라도 있다던데요."

"기가 차는군! 그런데 왜 미라를 만드는 거야? 솔직히 좀 징그럽잖아. 만드는 과정도 무섭고."

"무슨 소리야. 몸을 떠난 영혼이 다시 몸으로 돌아오려면 몸이 썩지 않고 잘 보관되어야 하잖아."

"난 절대 미라가 되고 싶지 않아."

"자네는 가난해서 미라가 될 수도 없어."

무사가 고개를 저었어.

해가 지평선에 가까워지자, 피라미드를 짓던 사람들이 퇴근했어. 내일은 쉬는 날이라, 신이 난 일꾼들이 큰소리로 자식들 이름을 부르며 집에 달려갔어. 피라미드 공사에 참여하는 일꾼을 위해, 나라에서 공사장 근처에 집을 마련해 준 거야. 수염왕은 아멘을 따라갔어.

아멘은 아버지와 함께 살고 있어. 집 안은 나일강 언저리의 진흙으로 만든 벽돌집인데, 안은 생각보다 시원했어. 창문을 작게 만들어서 사막의 열기가 안으로 들어오지 못하게 막은 거야.

"반가워요. 우리 집에 잘 왔어요."

구석에 누워있던 아멘의 아버지가 일어나 절뚝거리며 수염왕에게 다가왔어. 바싹 마른 몸에, 움푹 들어간 눈을 보니, 아멘의 아버지는 건강이 안 좋은 듯했어. 수염왕이 얼른 다가가 부축하자, 아멘의 아버지가 미소를 지었어.

그사이, 아멘이 포도주와 저녁거리를 내왔어.

"우리가 키운 포도로 담근 포도주예요."

"취미로 주말농장에서 포도 농사를 짓나?"

"허허허. 나는 석공이었지만, 이 아인 농부라오. 하지만 매년 나일강이 범람하면 논밭이 강물에 잠겨서 4개월 동안은 농사를 못 짓

지. 그동안 피라미드나 도로, 신전 건설 공사장에서 일하는 거요."

"4개월이나? 나일강 때문에 망했군."

"나일강의 선물이지. 매년 나일강 강물이 논밭으로 넘치기 때문에 넉 달 뒤에는 영양분이 논밭에 잔뜩 쌓인다오. 그 덕에 씨만 뿌려 놓아도 농작물이 쑥쑥 자라지. 신과 우리의 왕을 위해 피라미드를 짓는 일도 기쁜 일이고."

"아버지도 피라미드를 짓는 일을 하셨어요."

"난, 나일강 상류에 있는 바위를 정육면체로 자르는 일을 했소. 재밌었어, 보람도 있었고. 그러다 바윗덩어리에 다리가 깔려서 이렇게 한쪽 다리를 잃었지만."

아멘의 아버지가 허벅지까지만 있는 다리를 어루만지며 씁쓸하게 웃었어.

"바위를 잘랐다고? 우와, 진짜 엄청 힘이 세셨군."

수염왕이 호들갑을 피웠어.

"허허허. 내가 힘이 센 게 아니라, 이집트 사람이 지혜로운 거요. 바위를 자르는 기술이 있거든."

다음날, 수염왕과 아멘은 파피루스를 엮어 만든 배를 타고 나일

강을 건너 시장에 갔어. 피라미드를 짓는 기자 지역은 사막이라 마을이 없거든.

"어떤 물건을 사실 거예요?"

아멘이 물었어.

수염왕은 '지팡이'라고 대답하며, 씨익 웃었어. 아멘의 아버지가 잘 걷지 못하는 게 안쓰러웠어. 좋은 지팡이를 선물하고 싶었지. 마침 잘 다듬어지고 튼튼해 보이는 지팡이가 보였어. 손잡이에 고양이가 새겨져 있었어.

"이 지팡이는 얼마요?"

수염왕이 지팡이 장수에게 물었어.

"얼마냐니, 그게 무슨 소리요?"

"내가 그 지팡이를 사려면. 돈을 얼마나 줘야 하냐고."

"정신이 이상한 사람이군. 대체 돈이라는 게 뭐요? 그런 헛소리는 그만두고, 이 지팡이랑 바꿀 물건이나 보여 주쇼."

지팡이 장수가 짜증을 냈어.

'고대 이집트에선 아직 돈을 사용하지 않고, 물물교환을 했군. 하지만 괜찮아. 난 철저한 수염왕이니까. 크큭.'

수염왕은 범이 엄마가 만들어 준 가죽바지를 지팡이 장수에게 내

밀었어.

"더운 이집트에서 가죽바지를 어떻게 입소? 됐소. 당신이랑은 안 바꿀 거요."

지팡이 장수가 손사래를 쳤어. 하지만 그냥 물러날 수염왕이 아니잖아.

"이 가죽바지로 말할 것 같으면, 뿔이 2미터나 되는 대장 사슴의 가죽을 이틀 동안 문질러서 만든 거라오. 엄청 질기고 아주 부드럽지. 잘 보시오, 이 은은한 광택을! 아마 대단한 귀족나리들도 이런 가죽은 못 구할걸."

"듣고 보니 아주 좋은 가죽인 것 같네. 아니지. 아무리 가죽이 좋아도, 여기는 이집트야. 가죽바지를 입었다간 엉덩이에 땀띠가 가득할 거야."

"이렇게 융통성이 없어서야. 이 바지를 싹둑싹둑 잘라서 가죽 샌들을 만들어도 되고 멋진 지갑을 만들어도 되잖소. 아, 됐소. 싫으면 관두시오."

수염왕이 되돌아서자, 지팡이 장수가 냉큼 가죽바지를 잡았어.

"내 지팡이와 당신의 가죽바지를 바꿉시다. 거래 끝이오."

수염왕은 아멘에게는 모래가 들어가지 않은 보리빵을 사 주려고 했어. 그래서 빵집을 찾아 돌아다녔어. 길 곳곳에 크고 작은 스핑크스상이 있고, 오시리스와 이시스 그리고 그 둘의 아들인 태양신 호루스의 조각상이 서 있었어. 조각상은 하나같이 멋지고 섬세했어. 그러다 수염왕은 한 조각상 앞에서 멈칫했어.

"아저씨, 왜 그러세요?"

아멘이 수염왕에게 다가왔어. 수염왕은 대답 대신, 아멘에게 지팡이를 급하게 건넸어.

"이 지팡이를 자네 아버지에게 전해 주게. 자네에게도 주고 싶은 게 있었는데 아쉽군. 잘 지내……."

수염왕은 호루스의 부인인 하토루 여신상 앞에서 사라졌어.

이집트 사람들은 왜 그렇게 큰 피라미드를 지은 걸까요?

이집트는 나일강 주변을 빼면 온통 사막이야. 봄에 에티오피아 산악지대에 쌓인 눈이 녹아 나일강으로 흘러 들어가. 보통 7, 8월에 나일강이 넘치는데 그때 주변 땅으로 강물이 넘치면서 영양분을 땅에 쌓지. 그래서 나일강 주변은 아주 비옥해서 하류에선 1년에 3번이나 농사를 짓고, 씨를 뿌리기만 하면 다른 농토보다 몇 배나 농작물이 잘 자랐어. 농사짓기 좋은 곳이니 사람이 모여들고 여러 도시가 생겼지. 도시들은 상이집트와 하이집트, 2개 국가로 나뉘었다가, 기원전 3,000년쯤에 하나의 이집트로 통일됐어. 이때부터 고대 이집트 문명이 발달했지.

고대 이집트 사람 대부분은 농사를 지었어. 농사를 지을 물을 주는 나일강은 아주 중요하지. 그런데 나일강이 매년 넘치면, 서너 달 정도는 물이 빠지지 않는 거야. 대신 강물이 빠진 농지에선 농사가 잘되었지. 물이 빠질 동안엔, 이야기의 아멘 일행처럼, 피라미드와 신전·왕궁·도로 공사장에서 일하며 국가에서 주는 곡식을 먹으며 생활했어.

사막으로 둘러싸인 이집트에 나일강이 없다면 어떻게 되었을까? 사람이 살기 어려웠을 거야. 그래서 이집트는 '나일강의 선물'이라고 불려. 이렇게 소중한 나일강 신의 아들이 바로 이집트 왕이야. 그리고 고대 이집트의 왕은 태양신의 아들이기도 했어. 매일 태양을 떠오르게 하고 나일강을 넘치게 해서 땅을 비옥하게 하고, 논밭에 물을 대주는 왕이었지. 이런 왕이었으니 그 권력이 어마어마했겠지? 이집트 전체가 이집트 왕의 것이었지. 왕의 궁전과 묘도 거대하고 화려하게 지었어. 신이 머무는 신전도 화려했어.

고대 이집트는 신분이 나뉜 사회였어. 왕이 제일 높고, 그 밑에는 신을 모시는 신관이 있어. 그 밑에 귀족과 서기가 있었어. 고대 이집트의 문자는 상형문자인데 아주 복잡해서, 문자를 읽고 쓰는 서기는 신분이 높았어. 나일강의 둑과 저수지, 수로를 관리하는 관리와 세금을 걷는 관리도 있었어. 그 아래 신분이 장인과 상인이고, 그 밑이 농민이었어. 노예가 가장 신분이 낮았어.

매년 나일강이 새롭게 넘치는 것을 보고, 고대 이집트 사람은 나일강이 매년 다시 살아나는 거라 생각했어. 그래서 사람도 몸은 죽어도 영혼은 죽지 않는다고 믿었어. 그래서 몸을 빠져나간 영혼이 다시 몸으로 되돌아와서, 살아난다고 믿었지. 그러니 되돌아온 영혼이 들어갈 육체를 살았을 때처럼 잘 보존해 두어야 했어. 그래서 미라를 만든 거지. 되살아난 사람이 생활하는 데 필요한 물건도 무덤 속에 잘 챙겨 두었어. 왕은 그에 어울

기자의 3대 피라미드. 쿠푸왕, 카프라왕, 멘카우라왕의 피라미드. (사진 제공: 픽사베이)

리는 거대한 무덤을 지었어. 피라미드지. 죽은 이집트의 왕이 다시 살아나서 생활할 수 있을 만큼, 피라미드는 크고 화려해야 했어. 또 도굴범을 막기 위해 피라미드 속은 어떤지 철저하게 비밀에 부쳤어. 물론 그 안에 함께 넣은 물건도 어마어마했지.

피라미드는 불가사의라 불릴 만큼, 지금도 어떻게 그런 거대한 건축물을 지었는지 몰라. 지금의 건축 기술로도 짓기 힘들 만큼 정교하지. 푸쿠왕의 피라미드는 세계에서 가장 무거운 건축물이야. 하지만 지금도 전문가들이 피라미드를 지은 방법을 알아내려고 노력하고 있으니 피라미드의 신비는 조금씩 풀릴 거야.

> 사람이든 동물, 식물이든 죽으면 모두 분해가 되잖아요. 그런데 미라를 만들었다니, 이집트 사람들의 기술이 정말 놀라워요.

　험한 계곡과 바다, 사막에 둘러싸인 덕분에, 이집트는 외부의 침입이 적었어. 넉넉한 먹을거리를 주는 나일강과 안전한 영토 속에서 이집트는 자신들만의 독특한 문명도 꽃피울 수 있었어. 고대 이집트가 고대 문명이 발달한 지역 중에 가장 풍요로웠다고 해.

　앞에서 고대 이집트 왕이 나일강과 태양을 관리해서 농사를 좌우한다고 했지? 어떻게 했을까? 정말 신의 아들인 걸까? 말도 안 된다고? 그래, 그렇지. 사실 왕은 하늘의 별을 관측하는 천문학의 도움을 받았어.

　나일강이 언제 범람하는지를 알아야 했으니, 시간을 알아야 했어. 그런데 시간을 어떻게 알 수 있을까? 해가 뜨고 달의 모습이 바뀌고 하늘의 별이 움직이는 것을 기준으로 삼을 수밖에 없지. 또 그 방법이 맞고 말이야. (1년이란 기간은 지구가 태양의 주위를 한 바퀴 도는 데 걸리는 시간이라는 건 다들 알지?) 그러니 고대 이집트에서 별자리를 보고 연구하는 학문이 발달할 수밖에 없지.

그들은 시리우스성을 보고 나일강이 언제 범람하는지를 알았어. 시리우스는 태양 다음으로 빛나는 별이야. 이집트에서는, 밤하늘에 떠 있던 시리우스가 갑자기 70일간 보이지 않아. 그러다 어느 날 새벽, 태양보다 먼저 동쪽 하늘에 시리우스가 나타나지. 그리고 나일강이 범람하는 거야. 시리우스와 나일강의 범람이 같이 왔지. 그런데 시리우스가 동쪽하늘에 나타나는 주기가 365일인 거야. 그래서 이집트에선 365일을 1년으로 정했지. 그리고 시리우스별이 태양보다 먼저 동쪽 하늘에 뜨는 날을 새해 첫날로 정했어. 우리의 1월 1일인 셈이지. 5,000년 전에 이집트 사람들이, 1년이 365일이라는 사실을 알았다니 놀랍지?

천문학뿐 아니라, 나일강의 물 높이도 계속 측정했어. 물속으로 들어가 물의 높이를 잴 수는 없으니, 나일로미터를 설치했어. 강둑에서 나일강으로 내려가는 계단을 만들고 눈금을 표시해서, 강물의 높이를 쟀지. 그래서 언제쯤 홍수가 생기고, 가뭄이 드는지 등을 미리 알 수 있었고, 그 대비도 할 수 있었지.

고대 이집트에선 수학도 발전했어. 이것 역시 나일강 때문이야. 범람한 강물이 다 물러가고 땅이 드러나면 어떨까? 강물에 쓸려온 흙이 온통 땅을 뒤덮었는데, 그 땅이 아멘의 땅인지 무사의 땅인지 구분할 수 없잖아. 그래서 매번 땅을 다시 재서 자기 땅을 구분해야 했어. 그런데 땅의

넓이를 재고, 또 그 넓이에 따라 세금을 내려면 숫자가 필요하잖아. 피라미드 건설 같은 큰 공사에 일꾼이 몇 명이 필요한지, 피라미드에 사용할 돌은 얼마나 커야 하고, 몇 개나 필요한지도 계산해야 했으니까.

이집트에선 지금처럼 십진법을 사용했어. 1, 2, 3……10까지의 숫자를 사용해서 수를 표시했지.

천문학과 수학이 발전했기 때문에 거대한 피라미드를 지을 수 있었던 거지.

쿠푸왕의 피라미드는 밑변이 정확하게 동서남북을 향하고 있어. 또 250만 개나 되는 거대한 돌덩어리를 삼각뿔 모양으로 쌓으려면 돌의 길이와 무게, 높이 등을 정확하게 재고 계산해야 했을 거야.

문명이라 불리려면, 문자를 사용해야 한다고 했지? 고대 이집트는 상형문자를 사용했어. 늪에서 자라는 파피루스라는 식물의 줄기로 만든 종이에 잉크로 글자를 썼지.

미라를 만들 만큼, 이집트는 의학도 발전했어. 500여 가지의 약물을 이용하고, 뇌 수술까지 했어.

돛을 발명한 곳도 고대 이집트야. 그전까지는 사람이 직접 노를 젓는 힘으로만 배를 움직였는데, 돛을 단 배는 바람의 힘을 이용해서 배를 움직이게 하지. 사람이 노를 저어야 하면 노를 저을 사람을 태우느라 배에는 짐을 많이 싣지 못해. 하지만 돛 덕분에 바람의 힘으로 배를 몰게 되자, 더 먼 곳까지, 더 많은 물건을 실을 수 있었고 여러 지역과 오고갈 수 있게 되었어. 교역이 활발해지면서 더 발달한 다른 문명을 받아들이게 되고 문명을 더욱 발전시킬 수 있었어.

### 수염왕의 문명 노트

이집트는 나일강의 선물이라 불릴 정도로, 나일강의 영향을 많이 받는다. 나일강이 범람해서, 건조한 이집트의 땅이 농사에 적합한 비옥한 땅으로 바뀌었다.

고대 이집트의 왕은 나일강을 다스리는 신이라 여겨졌고, 이집트 전체가 왕의 것이었다.

(그 엄청난 피라미드를 짓다니, 고대 이집트의 왕, 정말 너무해! 정말 부럽기도 하고!)

# 5

# 계획도시를 건설한 고대 인더스 문명

"이번엔 또 뭘 하는 거야, 난? 여긴 또 어디고?"

수염왕은 손을 내려다봤어. 붉은 벽돌을 움켜쥐고 있었어. 예감이 좋지 않았어. 메소포타미아와 이집트 문명지에서처럼, 뭔가 또 다시 힘든 노동을 해야 할 것 같은 느낌이라고나 할까? 수염왕의 슬픈 예감은 맞아떨어졌어.

"이봐, 멍하니 있을 시간 없다고. 얼른 구운 벽돌을 날라야지."

고대 인더스 문명에 온 수염왕은 벽돌 공장에서 일하는 노동자가 되었어. 인더스강 강변의 붉은 흙을 발로 밟아 개고, 정육면체의 나무틀에 넣어 모양을 만들었지. 틀에서 꺼낸 다음엔, 정육면체로 다져진 흙을 햇볕에 말려 벽돌을 만들었어. 다른 곳이었다면 이 정도로 충분했을 거야. 하지만 고대 인더스 지역에선 이 벽돌을 다시 가마에 넣고 구웠어. 진흙은 아주 단단한 붉은 벽돌이 되었지.

"아이고, 허리야. 허리를 펼 시간도 없네. 힘든 노동을 하기엔 난 살짝 늙은 걸까?"

"이봐요, 살짝 늙은 아저씨. 이반이랑 배달이나 가세요. 이반, 저 아저씨는 오늘 처음 왔단다. 네가 잘 안내해 드려라."

공장장이 이반에게 수염왕을 소개하자, 이반이 수염왕에게 꾸벅 인사했어. 이반 옆에는 바퀴가 둘 달린 수레를 매단 소가 있었어.

이반과 수염왕은 수레에 벽돌을 실어서 모헨조다로를 향했어. 밀과 보리, 목화밭을 차례로 지났어. 그런데 소가 몇 걸음 걷다 멈춰서 하늘을 보고, 다시 몇 걸음 걷다 길옆의 풀을 뜯어 먹으며 굼떴어. 수염왕은 복장이 터질 것 같았어.

"소, 이 녀석! 냉큼 달리지 못해! 빨리 벽돌을 배달해야 내가 퇴근한다고!"

하지만 수염왕이 아무리 닦달을 해도 소는 큰 눈만 껌벅이며 꿈적도 안 했어. 수염왕은 화가 치밀어서 소의 등을 세게 후려쳤어. '악' 수염왕은 비명을 지르며, 손바닥을 감싸 쥐고는 펄쩍펄쩍 뛰었어. 소를 때린다는 게 그만, 수레와 연결된 나무 막대를 후려친 거야. 눈물이 핑 돌았어. 오랜만에 팔자수염이 부들부들 떨릴 만큼 수염왕은 짜증이 났어. 하지만 소는 아무 일도 없었다는 듯 똥 무더기를

후두둑 길바닥에 쏟아 내더니 꼬리를 살랑이며 걸어갔어. 수염왕도 따라갈 수밖에 없었지.

모헨조다로는 최초의 계획도시야. 성벽으로 둘러싸인, 언덕처럼 높고 평평한 지역에 관문이 있었어. 관문을 통과하자 성벽 주위에 공공시설들이 보였어, 동쪽엔 주택과 상점이 있지. 벽돌로 포장된 길은 가로세로로 반듯하게 나 있고 넓은 길은 수레 2대가 나란히 지날 만큼 넓었어. 길 양쪽에 벽돌 주택이 줄지어 있고, 문틈으로 마당에 있는 작은 우물이 보였어.

"저 양반한테 벽돌을 전달하면 되는 거지?"

수염왕은 길바닥에 엎드려 하수구 안을 살피는 남자를 가리켰어. 남자 주위엔 깨진 벽돌 조각과 하수도 구멍을 덮은 돌덮게가 널브러져 있었지.

"안녕하세요, 아저씨. 벽돌을 가져왔어요."

이반이 길 한쪽에 수레를 세웠어.

"이반이구나. 벽돌을 가져오느라 고생했다. 이분은 처음 뵙는 분이네. 안녕하십니까."

남자가 일어나며 인사했어. 수염왕도 까딱 고개를 숙였어.

"혹시, 그거, 진짜 하수도이가? 이런 옛날에 하수도가 웬 말이

야?"

수염왕이 길 아래로 흐르는 하수도 물을 가리켰어.

"하하하, 그럼요. 누가 빨래를 하다가 옷을 하수도로 내려보냈나 봅니다. 그래서 하수도가 막혔어요. 나뭇가지랑 머리카락 같은 것도 서로 엉켜 있고요."

남자가 둘둘 말린 옷과 나무토막 등을 하수도에서 꺼내 보였어.

"윽, 냄새."

수염왕과 이반이 동시에 코를 막았어. 하수도 냄새가 고약한 건 지금이나 고대나 마찬가지인가 봐.

"그래도 하수도 곳곳에 구멍이 있어서 다행이에요. 막힌 곳을 찾느라, 돌을 다 들어 올리지 않아도 되잖아요."

"그렇구나. 우리 이반은 어떤 일이건 좋은 점부터 찾지. 하하하."

남자가 이반의 머리를 쓰다듬었어.

수염왕은 엎드려서 냄새나는 하수도 안을 자세히 살펴보았어. 하수도는 바닥과 양옆에 벽돌을 붙여 통로처럼 만든 거였어. 마치 작은 물줄기가 모여 시내를 이루듯이, 집마다 배출한 하수도 물이 더 넓은 하수도로 모여 흘렀지. 21세기의 꼬불꼬불나라에도 사람이 많이 살지 않는 지역은 하수 시설이 잘되어 있지 않아. 그런데 이런

옛날에 하수도가 있다니, 정말 놀라웠어.

"이 하수 시설이야말로 모헨조다로의 자랑거리죠. 집집이 우물과 화장실, 목욕탕이 있는데, 그곳에서 사용한 더러운 물은 깨끗하게 만들어서 강 하류로 내보냅니다."

"집집마다 목욕탕이랑 수세식 화장실까지……? 오, 놀라워라!"

수염왕은 진심으로 감탄했어.

"저쪽에 벽돌을 두세요. 저는 하수도 벽돌이 깨진 곳을 더 찾아야 하거든요."

남자는 장비를 챙겨서 모퉁이를 돌아 사라졌어.


해가 모헨조다로의 성벽 위에 걸릴 즈음, 벽돌을 다 옮겼어.

"아이고, 수염왕 고생했다. 이반, 너도 열심히 일했으니 내가 칭찬하마. 그럼 안녕!"

수염왕은 이반에게 손을 흔들고는 몸을 휙 돌려서 왔던 길로 되돌아갔어.

"아저씨, 같이 가요."

이반이 수레를 이끌고 수염왕을 따라왔어. 수염왕은 못 이기는 척 고개를 끄덕였어. 갈 곳도 없는데 잘됐지 뭐. 그래도 해가 지기

전에 일이 끝나서 수염왕은 신났어. 그런데 수염왕만 신난 게 아니었어. 수레가 가벼워지자 신이 난 소가 한달음에 내달리기 시작한 거야.

"게 섰거라, 아니 소, 섰거라."

수염왕과 이반은 내달리는 소를 쫓아 달렸어. 빈 수레가 덜컹거리며 요란한 소리를 냈어. 하지만 흥분한 소는 반듯하게 이어진 도로를 따라 신나게 달렸지. 150미터쯤 쫓아가던 수염왕은 가슴이 터질 듯해서 더 달릴 수 없었어. 수염왕은, 100미터 전문이거든. 그래도 수염왕은 헉헉거리며 길을 따라 걸었어. 직각으로 꺾이는 모퉁이를 두 번쯤 돌자, 주택가가 끝나고 공터가 나왔어. 성벽 앞에 공동 창고가 있었어.

창고는 아래는 벽돌, 위는 나무로 지은 건물이었어. 창고에 창문처럼 구멍이 나 있는데, 사람들이 창고 꼭대기에서 줄을 내려보내면 아래쪽에 있는 사람이 곡식을 묶어서 올려 보냈어. 그러면 위에 있는 사람들은 곡식을 구멍을 통해 창고에 넣었지.

"문이 없는 창고인가? 이상하게 생겼군."

수염왕은 창고 주변을 살피다가, 수레들 사이에서 이반을 찾았어. 이반 옆엔 소가 있었지. 소는 소 여물통에 머리를 박고 물을 마

시고 있었어.

"이 멍청한 소야! 감히 수염왕을 이렇게 고생시키다니, 진짜로 맴매한다!"

수염왕은 소를 발견하자마자 두 주먹을 휘두르며 소리를 질렀어.

"이 녀석이 목이 말랐나 봐요. 물만 다 마시면 괜찮아질 거예요."

"괜찮지, 않아! 나도 아까부터 목이 마른데 참고 있다고! 저 무례한 소에게 누가 대장인지 따끔하게 알려줘야겠어."

수염왕이 소매를 걷어붙였어. 좀 전에 막대를 후려친 손이 새삼 아픈 것도 같았지. 그러자 이반이 수염왕을 말렸어.

"소를 함부로 대하면 안 돼요. 아니, 자연을 소중하게 대해야죠. 자연은 위대하고 고맙고 두려운 존재니까요. 자연을 우습게 보면 안 된다고요."

"헛소리! 사람은 자연을 정복했어, 지구의 주인이라고. 특히 나, 수염왕은 아주 위대하고 아주 잘난 사람이야!"

"그렇지 않아요. 우리 인더스 사람들이 기술을 발전시키고 문명을 꽃피웠다지만, 그건 자연이 도와줬기 때문이에요. 저렇게 창고에 저장할 만큼 곡식을 주지만, 인더스강이 노하면 얼마나 무서운데요."

"치. 강이 무섭다니, 수영만 잘하면 걱정할 게 없어. 그나저나 당장 목욕하고 싶다!"

수염왕이 땀에 흠뻑 젖은 옷을 펄럭여서 바람을 만들었어.

"아저씨, 시장에 들러서 엄마 선물만 사고, 같이 목욕하러 갈까요?"

"뭐? 너랑 목욕을……?"

수염왕은 다른 사람이랑 목욕을 같이하지 않지만, 이번엔 고개를 끄덕일 수밖에 없었어. 이반도 땀범벅이었거든.

"좋았어! 시장에 가자! 그 고장 사람들이 어떻게 사는지를 알려면 시장에 가는 것보다 좋은 방법은 없지. 여행의 기본 아니겠어?"

수염왕과 이반은 공터에 소를 묶어 두고는 시장으로 들어섰어. 포장마차처럼 생긴 가게들이 줄지어 있었어.

"붉은 천이랑 노란 천을 주세요, 면으로요."

이반이 포목점 주인에게 말했어. 주인은 큰 상자에 색색으로 염색한 천을 넣고 꽁꽁 묶느라 바빠 보였어.

"아이고 어쩌지? 붉은색 면만 조금 남았는데……. 요즘 수출하느라 옷감이 동이 났어. 다른 나라에선 목화를 안 키우기 때문에 면이

없잖니? 그래서 우리 인더스강에서 나는 면 옷감이 인기란다. 루비 같은 보석도 인기가 많다더군."

포목점 주인은 말을 하면서도, 옷감 상자 하나하나에 세심하게 인장을 찍었어.

"하긴, 내가 메소포타미아에서는 무역선 선원이었을 때, 면직물도 본 것 같아. 그런데 그 인장은 뭐요? 쪼끔 멋져 보이는데?"

수염왕이 상자에 찍힌 인장을 자세히 보여 물었어. 소와 그림 문자가 새겨진 인장이었어.

"이 인장은 나를 상징하는 겁니다. 이렇게 인장을 꾹 찍어 놔야, 이 물건이 내 물건이란 표시가 되는 거죠. 게다가 아무나 상자를 열 생각도 못 하죠. 상자를 열면 인장이 부서져서, 티가 나거든요."

포목점 주인은 인장을 다 찍은 상자를 옆으로 옮겼어. 그리고 붉은 천 조각을 이반에게 건넸어.

"이틀 뒤에 다시 오거라. 내가 꼭 노란 천을 남겨 놓으마."


이반과 수염왕은 시장을 나와 인더스강으로 향했어. 이반이 '인더스강에서 몸을 씻으면, 몸뿐만 아니라 마음도 깨끗해진다.'라고 주장했거든.

114

"여긴 발전한 도시 같은데도, 크고 높은 건물은 없구나. 아까 본 공동 창고가 제일 큰 것 같아."

"공중목욕탕도 커요. 아, 저기 공동 창고 옆에 건물이 공중목욕탕이에요."

"뭐, 공중목욕탕? 혹시 저 공중목욕탕은 목욕하는 곳이 아닌 거냐? 그래서 우린 인더스강으로 목욕하러 가는 거냐고?"

수염왕이 이반을 노려봤어.

"제사를 지내기 전에는 공중목욕탕에서 몸을 씻으며 마음을 경건하게 해요. 그런데 아저씨는 공중목욕탕에서 목욕을 안 해봤어요?"

"그, 래. 한 번도, 안 들어가 봤다. 아니, 못 들어가 봤다. 저렇게 멋지고 큰 공중목욕탕을 두고, 인더스강으로 목욕하는 게 말이 되냐?"


성문을 나와, 두 사람은 인더스강에 도착했어.

수염왕은 물에 풍덩 뛰어들었어.

"흠, 거품이 가득한 욕조에서 목욕하지 않아도 개운하군. 인더스강, 아주 마음에 들어!"

이반은 인더스강으로 천천히 걸어 들어왔어. 그러고는 두 손으로

강물을 떠서 기도를 시작했어. 노을에 비친 이반의 얼굴은 엄숙했어. 다른 사람들도 강물을 몸에 끼얹으며 기도를 올렸어. 모두의 얼굴엔 기쁨이 넘쳤지만 아주 진지했어.

'이렇게 발달한 도시국가를 건설한 인더스 문명, 모헨조다로에 사는 사람들이 자연을 소중하게 여기고, 마음을 다해 강을 섬기다니…….'

수염왕은 어둑해지는 인더스강 강변과 그 속에서 경건하게 기도하는 사람들을 둘러봤어. 곧 이곳을 떠나게 될 거야. 팸플릿의 '고대 인더스 문명' 마지막 장에 강에서 목욕하는 사람들의 사진이 있었거든. 마지막으로 수염왕은 이반을 돌아봤어. 이반의 얼굴에 미소가 떠올랐어. 수염왕도 덩달아 미소를 지었지.

"안녕, 이반! 늘 지금처럼 밝고 건강하거라!"

수염왕은 이반을 향해 손을 흔들었어.

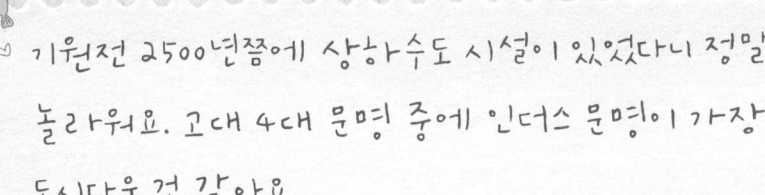

기원전 2500년쯤에 상하수도 시설이 있었다니 정말 놀라워요. 고대 4대 문명 중에 인더스 문명이 가장 도시다운 것 같아요.

그 말에 동의해. 지금도 지구 곳곳에는 상하수도 시설이 안 된 곳이 많아. 물을 길으러 몇 시간씩 걸어가야 하는 곳이 많지. 그런데 5,000년 전에 이미 집마다 우물은 물론, 하수도 시설까지 있었다는 건 정말 놀라운 일이지. 참, 아직 모르는 친구를 위해, 상하수도가 무엇인지부터 알아볼까.

수도꼭지를 틀면 깨끗한 수돗물이 나오지? 우리가 필요한 물을 수도관을 통해서 받는 시설을 상수도라고 해. 반대로 하수도는 우리가 쓰고 버린 더러운 물(하수)이 관을 통과해서 버려지는 시설이야. 세면대에서 세수하고 물을 버리거나, 변기 물을 내리면 그 물은 관을 통해서 어디론가 흘러가잖아. 그 물은 한곳에 모여서 정화된 뒤에 강으로 흘려보내지. 모헨조다로의 시설과 비슷하다고? 그래. 그만큼 모헨조다로는 하수도 시설이 발전했던 거지. 하수도가 막히면, 하수도를 덮은 벽돌을 들어 올리고 청소했는데, 지금의 맨홀과 같지.

고대 인더스 문명은, 기원전 2500년부터 1,000년 동안 인더스강을 중심으로 발전한 문명이야. 인더스강은 히말라야에서 시작되어 아라비아해로 흐르는데, 지금의 파키스탄에 있어. 인더스강 주변에서 모헨조다로뿐 아니라 하라파 등의 도시국가와 작은 마을까지, 1,000여 곳에 사람이 모여 살았다고 해.

모헨조다로는 계획도시야. 도시를 만들 때부터 어떤 모습으로 도시를 만들지를 계획하고 세운 도시지. 모헨조다로는 성채 지역과 주민이 생활하는 지역으로 나뉘어 있어. 성채 지역은, 강물이 범람해서 도시를 덮치지 못하게 평평한 언덕처럼 흙을 높게 쌓았어. 그 위에 성벽을 쌓고, 공동 창고와 공중목욕탕 등의 시설을 지었지. 성채 지역 아래엔 주택과 상점이 있어. 주택은 길을 따라 양쪽에 지었는데, 대부분 이층집이었어. 길은 어떻게 만들지, 건물은 어디에 얼마나 크게 지을지를 계획한 뒤 건설했어. 모헨조다로의 길은 반듯하고, 바둑판처럼 가로세로 길이 만났어. 큰길은 소가 끄는 수레가 나란히 달릴 수 있을 만큼 넓어. 또 길과 건물을 지을 때 사용한 벽돌은 같은 색인데다 가로 세로의 비율도 같아서 지금 보아도 아주 단정한 느낌이 들지.

인더스에선 벽돌을 불에 구워서 사용했어. 구운 벽돌은 단단해서 인더스 문명의 건축물들이 지금까지 잘 보존된 거야. 이집트 등에서도 구운 벽돌을 사용했지만, 대부분은 그냥 햇볕에 말려서 사용했어.

메소포타미아에는 거대한 지구라트, 이집트에는 피라미드가 있잖아요. 그런데 모헨조다로에는 그런 건축물이 안 보여요. 고대 인더스에는 왕이나 신관이 없었나요?

고대 인더스 유역에서는 강력한 왕이나 신관은 없었던 것 같아. 보통 큰 문명을 이룩한 국가는 강력한 힘을 가진 왕이 있고, 신을 섬기는 신관의 힘도 세지. 그래서 왕궁이나 왕의 무덤, 신전도 거대하고 화려했잖아. 그런데 친구들 말처럼, 인더스 문명에서는 큰 건축물이 아직 발견되지 않았어. 그뿐만 아니라 무기도 별로 없고 적을 물리칠 시설도 안 보이지. 군대가 있었던 것 같지도 않아. 인더스 문명은 전쟁이 거의 없는 평화로운 도시고, 사람들도 비교적 평등하게 살았던 것 같아.

과거의 국가들은 다른 국가를 정복하면서 영토를 넓히고 부강해지는데, 강력한 왕이 없었던 고대 인더스의 도시국가들은 어떻게 발전했을까? 그건 다른 나라, 지역과 교역을 한 덕분이야. 기름진 땅, 풍부한 물, 따뜻한 기온 덕에 농사가 잘 되고, 가축도 잘 자랐지. 주변의 숲에서 사냥하기도 좋았어. 도시 밖 농부는 도시에 먹을거리를 공급하고, 도시의 장인과 상인은 다른 지역과 교역을 하며 돈을 벌었어.

　인더스강 주변에선 목화를 재배해서 면직물을 짰어. 염색하는 방법도 알아서 색색의 면직물을 수출했어. 인더스강에서 나는 진주도 인기가 높았어. 고대 인더스 사람은 보석을 가공하는 기술도 뛰어나서, 구슬을 꿰어 만든 팔찌, 목걸이, 진흙으로 빚어 구운 테라코타 인형 등을 여러 나라에 수출했어. 쇠를 사용하지도 않은 시기에, 어떻게 주먹만 한 구슬에 실을 꿸 좁은 구멍을 뚫었을까? 인더스 상인들은 배를 타고, 수레를 이끌며 메소포타미아와 이집트 등으로 상품을 팔러 다녔어. 인더스 유역에서 부족한 양모와 직물 등은 수입했지. 고대 메소포타미아 왕의 묘에서 인더스의 목걸이가 발견되고, 여러 지역에서 인더스의 인장들이 발견될 만큼 인더스는 교역의 중심지였어. 다양한 인종이 함께 살았지.

　고대 인더스 문명은 발달한 도시국가를 이뤘지만, 이상하게도 문자로 기록한 책이나 비석 등의 기록물은 발견되지 않고 있어. 수염왕의 이야기에서처럼 상인이 자기가 파는 상품에 찍은 인장과 도기 등에 새겨진 그림 문자만 발견되었어. 고대 인더스는 네모난 인장을 사용했는데, 동물, 사람 등의 그림과 함께 그림 문자가 새겨져 있어. 하지만 인더스의 문자는 아직 해석할 수 없어.

　인더스강 근처에 수준 높은 고대 문명이 발달했다는 소문은 있었지만,

실제로 고대 인더스 문명이 발견된 건 20세기에 들어와서야. 모헨조다로는 1922년에야 발견되어서, 지금도 발굴 중이야. 그래서 아직은 수수께끼로 남은 부분이 많지. 하지만 고대 인더스 문명은 지금도 파키스탄과 인도 등에 남아 있어. 고대 인더스 문명에서 사용한 소가 끄는 두 바퀴 수레, 갈대를 엮어 만든 배는 지금도 사용하지. 인도의 요가와 소를 숭배하고, 물이 죄를 씻어 내고 마음을 깨끗하게 만든다는 믿음도 고대 인더스 문명의 영향이야.

### 수염왕의 문명 노트

고대 인더스 문명의 대표적인 유적지인 모헨조다로는 계획도시이다. 집집이 깨끗한 우물과 수세식 화장실이 있고, 반듯한 도로와 하수도 시설까지 갖춰졌다.

고대 인더스 문명은 교역 도시로 발달했다.

(그 유명한 메소포타미아의 공중목욕탕에서 목욕해야 했는데, 아쉽다!)

# 6

# 갑골문자가 밝힌 고대 황허 문명

"이번엔 점쟁이군."

수염왕은 손에 든 거북 등딱지를 내려다보며 중얼거렸어.

팸플릿의 '고대 황허 문명' 페이지에 '갑골문자: 점을 보는 도구'라는 설명과 함께 무더기로 쌓인 거북 등딱지 사진이 있거든.

수염왕 앞에는 머리에 조그만 관을 쓰고 비싸 보이는 옷을 입은 남자가 잔뜩 긴장한 채, 수염왕의 설명을 기다리고 있어.

'낭패군. 내게 뭘 물었는지를 알아야 답을 해 줄 텐데…….'

수염왕은 거북 등딱지를 자세히 살피는 척하며, 남자의 눈치를 살폈어. 남자는 긴장으로 목이 타는지 입술을 달싹였어. 그러면서도 연신 동굴 밖을 살폈지.

'에라 모르겠다.'

"걱정 마! 당신이 원하는 대로 다 이루어질 거야."

수염왕은 최대한으로 낮고 거만한 목소리로 말했어.

"정말입니까? 주왕이 정말 죽는다고요?"

남자는 두 손을 가슴 앞에서 모으며 간절하게 다시 물었어.

수염왕은 살짝 고개를 끄덕였어.

"감사합니다. 감사합니다. 이제 우리 상나라와 백성들이 살 수 있겠군요."

남자는 수염왕의 손에 그림이 새겨진 옥가락지 하나를 쥐여 줬어. 그러고는 이마가 땅에 닿도록 절을 하며 동굴을 나섰어.

대충 둘러댔지만, '왕이 죽는다.'라는 말에 수염왕은 주왕이라는 왕이 불쌍해졌어.

"나도 백성들이 싫어한 왕이었지만, 죽지 않고 잘 먹고 잘살잖아. 그런데 여기 상나라 백성은 왕이 죽기를 바라는군. 배은망덕하고 괘씸한 백성 같으니라고……."

수염왕은 점을 볼 손님이 더 오기 전에 밖으로 피하기로 했어. 좀 전에 본 거북 등딱지를 품에 넣고, 주머니에는 옥가락지를 잘 넣었지.

"구석기 시대도 아닌데, 왜 난 동굴에서 사는 거야?"

동굴 밖으로 나와 주위를 둘러보며 수염왕이 투덜거렸어.

수염왕이 나온 동굴은 낮은 산 아래 있었는데 커다란 바위가 입구를 숨겨 주고 있었어. 산을 돌아 내려가자 평평하게 땅을 파고 그 위에 마른 짚을 얹은 움집이 모여 있는 마을이 나타났어. '혹시 신석기 시대로 되돌아온 건가?' 수염왕은 고개를 갸웃했어. 하지만 신석기 시대와 달리, 이곳은 완전히 농경사회였어. 누런 흙으로 덮인 넓은 밭에는 조와 기장, 수수가 자랐어. 마침 반달돌칼로 곡식을 베는 농부가 있어서, 수염왕이 물었어.

"식당은 어디요?"

남자가 가리킨 길을 따라가자, 저 멀리 성문이 보였어.

수염왕은 배가 고팠어. 중국이라면 당연히 소, 돼지, 닭, 오리, 염소 고기를 먹을 수 있을 것 같았지. 발걸음을 재촉하며 움집 마을을 지나고, 성 둘레를 판 연못, 해자도 지났어. 성문으로 들어가자, 커다란 왕궁이 보였어. 수염왕은 무작정 왕궁을 향해 걸었어. 가까이 갈수록 궁 안에서 퍼지는 음악 소리, 웃음소리와 함께 고기 굽는 냄새가 진동했어.

"으흠, 맛있는 냄새! 오호, 고운 음악 소리!"

저절로 감탄사가 터져 나왔어.

마침 지나가던 노인이 혀를 찼어.

"맛있고 곱다고? 이보시오, 그 맛난 음식은 백성의 눈물이고, 고운 음악은 백성의 울부짖음이오. 상나라가 무너지는 소리라고."

"아니, 맛있는 음식과 듣기 좋은 음악이 뭐가 문제라는 거요?"

"주지육림이란 말도 모르오? 큰 연못을 파서, 물 대신 술로 채우고, 고기를 쌓아 숲을 만들었다는 말이오. 바로 저 성안에서 벌어지는 일을 말하는 거지."

"술이 가득한 연못이랑 고기 숲이라고? 와, 멋진데? 나도 늘 새로운 아이디어를 내서 먹고 마시고 놀았지만, 주지육림은 상상도 못 했어. 어떤 왕이기에 그런 창의적인 생각을 했는지 정말 궁금하구먼."

"철딱서니 없는 양반 같으니라고. 왕이 그렇게 사치를 부리면, 백성의 삶은 어찌 되겠소? 생각이 갓난아기보다 못한 양반이구먼, 퉤!"

노인은 수염왕을 손가락질하며 사라졌어.

"치, 괜히 부러우니까 저러는 거지. 그나저나 궁 안에 고기 숲이 있다면 내게도 고기를 듬뿍 나눠 주지 않을까? 실컷 얻어먹어야겠다."

수연왕은 궁 문 앞으로 달려갔어. 음식 냄새를 맡았더니 꼬르륵

꼬르륵, 뱃속에서 요동을 쳤지.

나무 자루에 날카로운 청동 창살을 단 병사들이 수염왕을 막아섰어.

"멈춰라. 넌 누구냐?"

"수염왕이잖아. 궁 안에서 큰 잔치가 벌어진 것 같은데, 나도 좀 끼자고. 내가 엄청 배가 고프거든."

"제정신이오? 여기가 아무나 들어가는 곳인 줄 아오?"

"에이, 서운하게 왜 그래? 잔치는 여러 사람이 함께해야 더 즐거운 거야."

"딱 보니, 미친 사람이네. 그만 돌려보……. 앗! 이놈은……?"

병사 뒤에 섰던 장수가 수염왕의 얼굴을 살펴보더니 깜짝 놀라 수염왕에게 창을 겨눴어. 그러더니 품에서 사람 얼굴이 그려진 한지를 꺼내서는 수염왕의 얼굴과 비교해 보는 거야.

"이놈을 묶어라! 이놈은 수배자다!"

병사들이 수염왕을 둘러싸고는 꽁꽁 묶었어. 수염왕의 품에 넣어 둔 팸플릿과 거북 등딱지도 빼앗았어. 수염왕은 당황했어.

"앗, 그 팸플릿은 진짜로 내 건데……."

"네놈이 원하는 대로 궁 안에 들어가게 됐구나. 자, 가자."

수염왕은 영문을 몰랐어. 좀 전에 상나라에 도착했는데, 그사이에 무슨 죄를 지어서 수배자가 되었단 말인지.

어쨌든 수염왕은 코뿔소, 코끼리, 원숭이 등이 있는 정원을 지나, 높은 계단 앞에 무릎 꿇려졌어. 계단 위 넓은 단에는 호랑이 가죽이 깔려 있고, 그 위, 황금으로 만든 의자에 주왕이 앉아 있었어. 의자 뒤로 다리가 셋인 청동 용기가 보였어. 엄청 크고 무거워 보였지.

"네가 바로, 점좀봐로구나. 네 이놈, 네놈이 감히 왕만이 볼 수 있는 점을 보며, 어리석은 백성을 속이고 있다지?"

주왕이 수염왕에게 소리쳤어.

"점이라뇨? 저는 절대, 점쟁이가 아닙니다. 저는 분명히, 꼬불꼬불면을 만드는 사장입니다."

수염왕이 두 손을 저었어.

"그럼 네놈이 가지고 있던 이 갑골은 무엇이냐?"

수염왕이 가지고 있던 거북 등딱지 조각을 들어 보이며 주왕이 물었어.

"그, 그, 그건, 그건 저도 모릅니다. 그냥 이곳에 왔을 때부터 제 손에 들려져 있었다고요."

수염왕은 열심히 설명했어. 장난을 치기엔 주왕의 얼굴이 너무 무서웠어.

"천자시어, 저는 거짓말쟁이가 싫어요."

주왕 옆에 앉은 달기가 주왕의 귀에 속삭였어.

"저놈의 수염도 정말 싫어요. 수염이 위로 자라다니, 너무나 천박해요. 아, 저런 천박한 수염을 보다니, 눈이 썩는 것 같아요."

달기가 수염왕의 팔자수염을 가리켰어. 수염 끝이 회전을 하듯 둥글게 위로 자란 팔자수염은 수염왕의 자랑이었어. 꼬불꼬불나라에서는 왕족만이 팔자수염을 기를 수 있었지. 하지만 지금은 팔자수염을 몽땅 뽑아 버리고 싶을 뿐이야.

"그렇지? 내가 보기에도 저놈의 수염은 역겹다. 천자인 나만 볼 수 있는 점을 보는 것도 괘씸하기 그지없고. 그래, 저놈을 사자와 싸우게 할까?"

"아이, 그건 시시해. 저는 저놈의 수염이 구리 기둥에서도 계속 위로 치솟을 수 있는지 궁금해요. 호호호."

주왕의 말에 달기가 방긋 웃었어. 수염왕은, 달기의 고운 얼굴이 온몸의 털이 솟구치도록 소름 끼쳤어.

"저는 절대, 점좀봐가 아닙니다. 그리고 이 수염도 다 뽑아 버리

131

겠습니다. 그러니 제발 살려 주십시오."

수염왕은 태어나서 처음으로 빌었어. 그만큼 주왕과 달기는 무서웠어.

"네놈의 목숨은 스스로 구하는 거야. 네가 구리 기둥만 통과하면 반드시 살려줄 테니까."

주왕의 말에 달기가 웃음을 터뜨렸어. 하지만 수염왕은 살 수 있다는 말에 희망이 생겼어.

'내일 반드시 구리 기둥을 통과해서 내 목숨을 구해야지. 그나저나 구리 기둥이라는 게 뭐지?'


수염왕은 병사들이게 감옥으로 끌려갔어.

"이거 봐. 이 옥가락지를 줄 테니, 내가 가지고 있던 팸플릿, 아니 종이랑 바꾸자고."

수염왕이 병사의 품에 삐죽 나온 팸플릿을 보며 사정했어. 병사는 냉큼 수염왕의 손에서 옥가락지를 낚아채고는 팸플릿을 수염왕의 품에 넣어 주었지.

감옥은 수감자로 꽉 차서 발 디딜 틈도 없었어. 수염왕은 수감자들을 헤치고 안으로 들어가 쪼그리고 앉았어.

"당신이 점좀봐로군."

옆 사람이 알은체했어.

"도대체 점좀봐가 누구요? 난 절대 점좀봐가 아니란 말이오. 게다가 무슨 이름이 그 모양이야, 점좀봐라니?"

절대 '점좀봐'가 아닌 수염왕은 억울해서 속이 터질 지경이었어.

"점좀봐가 아니라고? 하긴, 당신이 점좀봐인지 아닌지는 중요하지 않아. 중요한 건 내일 아침이면 죽는다는 거지. 나와 여기 있는 모든 사람도 곧 죽겠지만 말이야."

남자는 씁쓸하게 웃었어.

"죽는다니, 죽는다니? 그 무슨 재수 없는 말이오? 난 내일 반드시 구리 기둥을 통과해서 쌩쌩한 몸으로 풀려날 거요."

수염왕이 두 주먹을 불끈 쥐고, 결기를 다졌어.

"구리 기둥을 통과한다고? 허허허. 정말 아무것도 모르는 양반이군. 그 구리 기둥을 통과한 사람이 단 한 명도 없다는 건, 세 살 꼬마도 다 아는 사실이오."

"두고 보라고. 나, 수염왕이 그 구리 기둥을 건너는 첫 번째 사람이 될 테니까."

수염왕은 내일 일을 위해 일찍 자리에 누웠어.

다음날이 밝았어. 수염왕은 몇 명의 죄수와 함께 구리 기둥 앞으로 끌려갔어. 땅을 넓고 깊게 판 구덩이에 나무를 넣어 불을 붙이고 그 위에 반질반질하게 기름을 바른 구리 기둥을 놓았어. 구덩이 근처에만 가도 열기가 뜨거워서 눈을 뜰 수도 없을 만큼 땀이 줄줄 흘렀어.

"나쁜 인간들!"

수염왕은 멀찍이 앉아 구경하는 주왕과 달기을 향해 주먹을 휘둘렀어. 그리고 단호하게 외쳤어.

"포기!"

그러고는 잽싸게 품에서 팸플릿을 꺼내 휙 넘겼어.

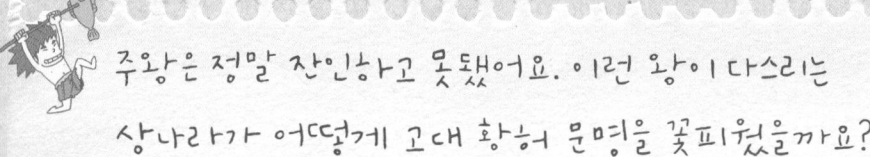

주왕은 정말 잔인하고 못됐어요. 이런 왕이 다스리는
상나라가 어떻게 고대 황허 문명을 꽃피웠을까요?

아프리카에서 세계 곳곳으로 퍼져 나간 인류 중 일부는 한국, 중국, 일본이 포함된 동아시아에 정착했어. 그들은 농사를 짓고 가축을 키우며 돌을 갈아 간석기를 만들었지. 다른 고대 문명 사람처럼, 그들도 강 주변에 작은 마을을 이뤄서 살다가, 도시국가로 발전했어.

중국의 황허는 티베트 고원에서 시작해서 황해로 흘러. 지금은 건조한 황토 고원이지만 그 당시에는 비가 많이 오는 곳이었어. 야생코끼리들이 무리를 지어 살 만큼 숲도 울창했지. 그리고 황허 중·하류는 황허가 넘칠 때 황토가 쌓여서 비옥한 땅이야. 황허는 강물 속에 진흙이 가장 많이 섞인 강이야. 그래서 황토 때문에 강물이 누렇게 보이지. 그리고 다른 강보다 서쪽에 있어서, 발달한 다른 문명을 받아들이기에도 유리했어. (고대 메소포타미아·이집트 문명이 발달한 이라크, 이집트 등이 서아시아에 있지.) 풍부한 물, 기름진 땅, 울창한 숲과 다른 문명을 받아들이기 쉬운 위치까지, 황허 지역은 고대 문명이 발달하기에 적합한 곳이었어. (황허뿐 아니라 양쯔강, 랴오허 강, 산둥 지역에서도 수준 높은 고대 문명이 발견되어서, 지금은 고대 황허 문명 대신 '고대 중국 문명' 혹은 '고대 황허 및 장강 문명'이라고도 해.)

　기원전 2000년쯤, 중국에도 청동기를 사용하는 사람들이 나타나. 그들은 황허 유역에서 석기로 농사를 지으며 사는 사람들을 정복하면서 도시 국가를 세웠어. 왕은 청동기로 무장한 군대로 나라를 다스렸어. 중국 최초의 국가가 탄생한 거야. 이 나라를 하나라라고 하는데, 실제로 하나라가 정말 있던 나라인지, 아니면 중국의 전설 속에 나오는 상상의 나라인지는 확실하지 않아. 그래서 하나라에 이어 세워진 나라가 상나라(수도가 은허였기 때문에 은나라라고도 불러.)가 실제로 있었던 것이 밝혀진 중국 최초의 국가야.

　사실 중국 역사책에는 하나라와 상나라에 대해 기록되어 있었지만, 실제 있었던 나라라는 증거가 없었어. 그래서 하·상나라는 전설의 나라라고 여겼지. 그러다 상나라의 수도인 은허가 발견되었어. 상나라는 실제로 존재했던 나라였던 거야. 상나라가 기원전 1600년쯤에 세워졌다는 것도 밝혀졌어.

　은허에는 한 변의 길이가 2킬로미터가 넘는 성벽과 거대한 왕의 무덤이 있어. 수준 높은 청동기도 발견되었어. 그것을 보면, 고대 황허 문명이 얼마나 발달했고 상나라의 힘이 얼마나 강했는지 짐작할 수 있지. 상나라는 어떻게 이런 강한 나라로 발전할 수 있었을까? 그건 청동기를 사용했기 때문이야.

　상나라는 다른 고대 문명보다 늦게 청동기를 사용했지만, 어느 순간부터는 다른 문명보다 훨씬 뛰어난 청동기를 만들 수 있었어. 청동은 구리와 주석을 섞어서 만드는데, 중국에서 제일 큰 구리 광산이 상나라에 있어. 청동 무기는 돌을 갈아 만든 무기와는 비교할 수 없을 만큼 날카롭고 단단해. 만드는 시간도 적게 들고 대량으로 생산할 수도 있지. 청동 창을 든 군인과 돌도끼를 든 군인이 싸운다면, 그 결과는 뻔할 거야. 청동 무기로 무장한 군대가 있었기 때문에 상나라는 주변의 여러 마을을 정복해서 강한 나라로 발전할 수 있었어. 하지만 백성들은 여전히, 돌과 나무, 짐승 뼈로 만든 도구를 가지고 농사를 지었어.

　고대 황허 문명은 매우 정교하고 아름다운 청동기를 만들었는데, 제사에 사용하는 그릇이나 도구, 무기를 청동으로 만들었어. 청동은 아주 귀해서 왕과 높은 관리, 귀족만 청동기를 사용할 수 있었지. 제사에 사용하는 다리가 세 개 달린 청동 솥은 무게가 850킬로그램이나 되는 것도 있어. 이 청동 솥은 왕의 힘을 상징했어.

　상나라의 청동 기술이 발달한 건 황허 덕분이야. 고대 황허 지역에선 청동기를 거푸집에 녹인 청동을 부어 만들었어. 그 거푸집은 황허의 황토로 만들었는데, 황토가 매우 고와서 반죽을 해서 구우면 아주 단단해져.

황토를 구운 거푸집의 표면도 고왔지. 고운 황토로 틀을 만들어 청동기를 만들었으니 고대 황허 문명에서 만든 청동기는 섬세한 문양을 새기고 복잡한 모양도 만들 수 있었지. 황허의 황토로 상나라의 성벽도 쌓았어. 황토를 물에 개어 겹겹이 쌓았지. 황토 성벽은 아주 튼튼해서 지금도 상나라의 성벽이 남아 있어.

참, 이야기에서 수염왕이 대충 둘러댔지만, 점괘는 정확했어. 상나라의 주왕은 수염왕을 만나고 얼마 못 가 스스로 목숨을 끊었어. 백성은 굶어 죽든 말든 나 몰라라 하고 사치를 부리고, 정치는 뒷전인 데다 충신이 진심으로 충고를 하면, 말도 안 되는 핑계를 대서 죽이거나 관직에서 내쫓았으니까. 결국 주왕과 함께 상나라는 멸망하고 주나라가 세워졌어.

갑골문자는 뭐예요? 그리고 수염왕이 점을 본 게 왜 죽을죄인가요?

1928년, 은허를 발견한 덕분에 전설의 나라인 줄만 알았던 상나라가 실재했다는 것을 알게 되었다고 했지? 하지만 은허가 어떤 나라의 유적지인지를 알게 된 건 갑골문자 덕분이야. 친구들도 알겠지만, 문자를 알지 못하면 그 나라가 어떤 나라인지, 어떤 문명을 이루고 살았는지 알기 어려워. 상하수도 시설을 갖춘 발달한 고대 인더스 문명도 문자를 해석할 수 없어서 지금도 밝혀진 내용이 적잖아.

그럼 갑골문자는 뭘까? 고대 황허 문명에서도 농사가 가장 중요한 일이었고, 농사를 좌우하는 하늘과 강, 비, 바람 등은 신으로 섬겨졌어. 왕은 직접 신에게 제사를 지내고 제사에 사용한 음식을 먹었어. 신의 힘을 먹는다는 뜻이었지. 그래서 왕을 천자[하늘의 아들, 天子]라 불렀어.

중국은 점을 보아, 제사를 지내고 신에게 질문했어. 전쟁을 할지 말지, 올해가 풍년일지 아닐지 홍수가 날지, 가뭄이 생길지 등을 물었지. 국가의 중요한 일부터 사소한 일까지 다 점을 보고 결정했어. 점을 보는 방법은, 거북의 등딱지[갑 甲]나 짐승의 뼈[골 骨]에 작은 구멍을 뚫은 다음에 불에 태우는 거야. 그럼 구멍부터 금이 갈라지겠지? 그 금이 어떻게 생겼는지를 보고 점괘를 풀이했어. 점을 본 내용은 다시 갑골의 뒷면에 문자로 새겼단다. 이 문자가 바로 갑골에 새긴 글자, 즉 갑골문자야. 당연히 점괘를 해석하는 건 왕만이 할 수 있었지. 아무나 신과 대화할 수는 없으니까. (나중엔 신을 섬기는 직업인 신관이 생겼지만.) 그러니 점을 본 갑골을 가지고 있던 수염왕은, 왕의 권위를 무시하고 나라를 혼란스럽게 하는 죄인이었던 거지.

갑골문자는 중국 한자의 기초가 되었어. 갑골문자가 발전해서 한자가 되었고, 지금도 한자를 사용하고 있어서 갑골문자는 쉽게 해석할 수 있었어.

갑골문자는 아주 우연히 발견되었어. 중국에선 동물의 뼈를 약으로 사용했어. 우리도 한약재로 사슴의 뿔을 사용하잖아. (믿기 어렵겠지만 오래전, 유럽 사람들은 미라를 갈아서 약으로 먹었다지.) 중국의 학자가 한약재를 사 왔는데, 그중에 거북의 등딱지가 있는 거야. 등딱지엔 문자처럼 보이는 것이 새겨져 있었지. 그 학자는 그 문자를 연구하기 시작했어. 이렇게 갑골문자가 세상에 알려졌어.

고대 황허 문명에서는 사람이 죽어도 영혼은 살아 있다고 믿었어. 영혼은 땅속 깊은 곳에 있는 저승으로 가서 살지. 그래서 왕과 귀족은 저승에서도 자신들을 보살필 신하와 궁인, 노비를 함께 묻었어. 이런 장례 풍습을 순장이라고 해.

상나라 왕의 무덤은 땅속으로 피라미드를 거꾸로 뒤집어 놓은 모양이야. 저승까지 가는 길이 가깝도록 땅속 깊이 무덤을 만들었지.

우리도 돌아가신 조상에게 제사를 올리지? 상나라에서는, 죽은 조상의 영혼이 후손을 돌봐 줄 거라 믿었어. 그래서 푸짐한 음식과 곡을 연주하며 조상의 영혼을 불러냈지. 이런 의식이 제사야.

전설 속 국가였던 상나라를 발견한 것처럼, 더 오래된 중국 문명과 국가를 발견할 수도 있어. 실제로 중국에선 상나라보다 더 오래된 유적지가 계속 발견되고, 황허 지역이 아닌 곳에서도 유적이 발견되고 있어. 그러니 새로 발견될 중국 문명을 기대해 보자.

### 수염왕의 문명 노트

중국의 황허 유역에서 최초의 중국 국가인 상나라가 발전했다.
고대 황허 문명은 점을 치는데 사용한 갑골문자로 유명하다.
고대 황허 문명은 다른 문명보다 늦게 발달했지만, 어느 문명보다 청동 제조 기술이 뛰어났다.
(이제 갑골문자는 보기도 싫어! 내가 어딜 봐서 점쟁이라는 거야?)

# 7

# 서양 문명의 뿌리, 고대 그리스 문명

"이게 뭐야?"

수염왕은 손에 쥔 검은 사기 조각을 살펴봤어. 슬쩍 옆에 선 에라모르게스를 보니, 날카로운 청동 조각으로 사기 조각에 '갈리오'라고 적는 거야.

"반장 선거, 아니 대통령 선거라도 하나? 앗, 그러고 보니 슬프고 슬픈 옛일이 떠오르는군.『꼬불꼬불나라의 정치』에서 내가 왕에서 쫓겨나고 광장에 모인 시민들이 왕 대신 대표자를 뽑았지."

수염왕은 민주주의가 시작된 고대 아테네에 와 있다는 것이 신기했어. 하지만 투표는 해야 하니, 에라모르게스를 따라 사기 조각에 갈리오라 적었지. 수염왕뿐 아니라, 아고라에서 열린 민회에 참석한 아테네 시민들도 사기 조각에 누군가의 이름을 적었어. 아테네에서 추방할 정치인을 뽑는 자리였어.

아고라에 설치한 높은 단에는 투표 결과를 발표할 관리 외에 아테네의 정치인들이 서 있었어. 투표에 이름이 적힌 정치인들이야.

"오스트라곤(사기 조각)을 세겠소. 갈리오 1표, 다싸워리스 1표, 갈리오 2표, 다싸워리스 2표, 페리클레스 1표……."

관리가 민회에 참석한 시민이 사기 조각에 적은 이름을 발표했어.

"현재 아테네의 정치를 맡은 정치인 중에 600표 이상 나온 사람이 없습니다. 이로써 내년까지 이들이 계속 아테네의 정치를 맡을 겁니다."

관리의 말이 끝나자, 무대에 섰던 정치인들을 대표해서 페리클레스가 나섰어.

"위대한 아테네 시민들이시여, 부족한 저희를 믿어 주셔서 감사합니다. 저희는 아테네 신을 본받아 지혜롭게 아테네를 다스릴 것을 맹세합니다."

페리클레스의 말에 시민들이 환호하며 손뼉을 쳤어. 페리클레스가 말을 이었어.

"그동안 아테네는 그리스 도시국가들을 이끌어 강력한 페르시아와 싸웠습니다. 그리고 그들을 물리쳤습니다. 이 승리는 위대한 아

테네 신과 아테네 시민의 희생 덕분입니다. 내일부터 4년마다 열리는 판아테나이아 축제가 열립니다. 우리 아테네에 승리를 주신 아테네 신에게 승리를 바치는 축제가 될 것이며 그 어느 때보다 성대하게 열릴 것입니다. 존경하는 아테네 시민들도 승리의 기쁨을 마음껏 누리시기 바랍니다."

페리클레스의 말에 민회에 참석한 사람들은 열광적인 환호를 지르며 손뼉을 쳤어. 주위 분위기에 잘 휩싸이는 수염왕도 영문은 모른 채, 열렬하게 손뼉을 쳤지.

민회가 끝나고 사람들이 흩어지자, 눈 깜작할 사이에 아고라는 상인이 좌판을 펼친 시장으로 바뀌었어.

"의상을 찾으러 가세."

에라모르게스가 수염왕의 팔을 잡아끌었어.

두 사람은 아고라 뒤에 있는 스토아로 들어갔어. 스토아는 지붕이 덮인 가게를 말하는데, 좌판에서 파는 물건보다 고급스러운 물건을 파는 가게들이 있었어.

수염왕과 에라모르게스가 옷 가게에 들어서자, 주인은 이미 포장해 둔 꾸러미를 건넸어.

"그건 뭔가? 여자 옷처럼 보이는데?"

"우리 무대 의상이지. 아주 곱지? 인더스강 유역에서 나는 목화솜으로 만든 면을 수입한 거라네."

"면으로……? 그런데 혹시, 자네는 연극배우인가?"

"나더러 배우냐고? 푸하하. 역시 자네는 타고난 배우일세. 자네 연기에 나도 속아 넘어가겠는걸?"

에라모르게스가 수염왕의 어깨를 치며 웃었어. 수염왕도 어색하게 따라 웃을 수밖에.

"가세. 오늘은 우리 집에서 푹 쉬고 내일 같이 공연장에 가세."

수염왕은 황당했어. 그동안 고대 문명지에서 다양한 직업을 가졌지만, 연극배우라니……. 맹세코 단 한 번도 배우가 되고 싶었던 적은 없었어. 수염왕의 마음을 알 턱이 없는 에라모르게스는 수염왕이 연기를 한다며 감탄하지만 말이야.


에라모르게스의 대문 앞에는 집을 지켜준다는 헤르메스의 동상이 서 있었어. 고대 이집트만큼이나 고대 그리스도 곳곳에 동상이 많았지.

"저 동상은 또 뭔가?"

수염왕은 현관에 세워진 동상을 가리켰어. 젊은 남자가 달리는 모습이었어. 남자는 발가벗고 있었지.

"우리 할아버지시라네. 아테네 대표선수로 올림픽에 참여해서 달리기 대회 1등을 하셨지. 우리 집안의 자랑이야."

에라모르게스가 허리를 쭉 펴며 말했어.

"운동복은 안 입어? 참 참, 금메달은 어디 있나? 난 항상 올림픽 금메달을 깨물어 보고 싶었다네."

수염왕의 말에 에라모르게스가 고개를 갸웃했어.

"금메달이 뭔가? 올림픽 우승자에겐 월계관과 종려나무가지 그리고 리본이 수여되잖아? 자네, 오늘 좀 이상하군."

수염왕이 당황하며 대답할 말을 찾는 사이, 두 사람은 안뜰에 도착했어.

안뜰에는 작은 우물과 집안의 평안을 지켜준다는 헤스티아 신의 제단이 있었어. 안뜰을 지나 남자들만 사용하는 응접실에 들어갔어. 푹신한 쿠션이 놓인 긴 소파가 여러 개 놓여 있었어. 각자 소파에 앉자, 남자 노예가 다가와서 발을 닦아 줬어. 엄청 간지럽고 살짝 미안했어. 곧 여자 노예가 저녁 식사를 차린 작은 테이블을 내왔어.

"자네는 부자 같은데, 혹시 돼지고기나 쇠고기 같은 거는 없나? 나, 상나라에서 고기 좀 얻어먹으려다 죽을 뻔했거든."

수염왕이 생선이 가득 담긴 접시를 보며 물었어. 양념 된 고기를 꼭꼭 씹은 지가 언제인지 기억도 안 났어.

"나도 고기는 자주 못 먹는다네. 하지만 내일은 배가 터지도록 쇠고기를 먹게 되잖나."

에라모르게스가 미안해했어. 하지만 수염왕은 내일 쇠고기를 먹을 거라는 말에 이미 마음이 풀렸지.

"자네는 공연할 때 떨리지 않나? 난 워낙에 무대 체질이라 괜찮지만 말이야."

수염왕이 입안 가득 말랑말랑한 빵을 씹으며 물었어.

"떨리지. 공연 바로 전에 화장실을 세 번은 간다니까. 푸하하. 하지만 내일은 「오이디푸스」 공연이야. 소포클레스가 직접 희곡을 쓰고 연출, 무대 디자인까지 맡은 거잖아. 이런 연극을 놓칠 수 없지. 소포클레스의 비극을 연기하는 게 얼마나 영광인가, 안 그래?"

"그, 그렇지."

수염왕은 얼버무렸어. 소포클레스라는 이름을 문학 수업 시간에 들은 것이 어렴풋이 떠올랐어. 고대 그리스 3대 비극 시인이었지,

아마? 그나저나 맡은 배역을 알아야 연기를 하든 춤을 추든 할 텐데 말이야. 하지만 그걸 물어보면, 에라모르게스가 정말 의심을 할 것 같았어.

"그런 훌륭한 작품에 출연한다니, 나도 떨리네. 그래, 오늘은 일찍 자야겠어."

수염왕은 서둘러 손님방으로 향했어. 내일 연기를 하려면 대본을 달달 외워야 했지. 다행히 수염왕은 기억력이 아주 좋았어. 단 하루 정도만 기억한다는 게 문제지만. 수염왕은 「오이디푸스」 대본을 휘리릭 넘겨보았어. 대본만 외운다고 연극을 할 수 있을까?

"에라 모르겠다, 잠이나 자자. 고민한다고 뭐가 달라지냐, 피부만 상하지."

수염왕은 푹신한 침대에 대자로 뻗어 잠이 들었어.

다음날, 올리브유를 바른 빵과 물을 탄 포도주로 간단히 아침을 먹고 수염왕과 에라모르게스는 집을 나섰어.

디오니소스 극장은 무대, 동그란 모양의 오케스트라, 오케스트라를 감싸듯 펼쳐진 관객석으로 이뤄졌어. 오케스트라는 코러스 단원이 춤과 연주를 연습하느라 소란스러웠어. 무대 옆 의상실에는,

달랑 세 명뿐인 연극배우들이 무대 의상을 입은 채 대기했어.

"내가 여자 역이라니."

수염왕은 키톤을 입으며 투덜거렸어. 에라모르게스는 왕비 이오카스테와 신하 역이고, 수염왕은 안티고네 공주와 공주의 외삼촌 역이야. '한때는 왕이었던 내가 여자 역을 하다니……, 여기에 아는 사람이 없어서 참 다행'이다 싶었지. 게다가 커다란 가면을 쓰고 연기를 한다니 더 다행이고.

상연 시간이 다가오자, 관람객이 자리를 채워갔어. 한 번에 18,000명이 관람할 만큼, 디오니소스 극장은 컸어.


주인공 오이디푸스 역을 맡은 한류스타스가 열연을 펼치며 연극을 이끌었어. 오이디푸스가 아폴론 신의 신탁을 듣고 괴로워하다, 스스로 두 눈을 찔러 장님이 되자 관객석은 쥐죽은 듯 조용해졌어. 이오카스테로 분장한 에라모르게스가 슬픔에 울부짖었어. 결국 오이디푸스는 테베 왕국을 떠나고, 딸 안티고네도 함께 방랑을 나섰어. 대사는 별로 없지만, 가면 속의 수염왕은 긴장으로 땀범벅이 되었어.

오이디푸스의 비극을 슬퍼하는 무용수들의 춤을 마지막으로 연

극이 끝났어. 쥐죽은 듯 조용했던 관람석에서 우레와 같은 박수가 터졌어. 배우들은 무대 앞으로 나와 인사를 했지.

연극이 끝날 무렵, 디필론 성문에서 출발한 축제 행렬은 아크로폴리스를 오르고 있었어. 신관과 정치인, 무용수, 악사들과 아테네 시민이 줄을 짓고, 제사에 바쳐질 암소 100마리가 뒤를 따랐지. 다행히 디오니소스 극장이 아크로폴리스에 있어서 수염왕과 에라모르게스도 바로 축제 행렬에 낄 수 있었어.

아크로폴리스에 중앙에 세워진 파르테논 신전은 그리스 최고의 건축가와 조각가, 학자 들이 힘을 모아 지은 만큼, 웅장하고 아름다웠지. 거대한 기둥이 받치고 있는 지붕, 그리스 신화의 장면들이 조각된 프리즈가 멋졌어. 기둥 안쪽에 본관 건물이 있고, 그 안에 나무로 만들고 상아와 금으로 장식한 거대한 아테네 신상이 서 있었어. 아테네 신은 축제를 맞아 아테네 여자들이 직접 만든 아름다운 옷을 입고 있었는데 크기가 12미터는 됨 직했지.

'어? 내가 알던 파르테논 신전과 전혀 다르잖아! 파르테논 신전은 기둥과 지붕만 있는 거 아닌가?'

수염왕은 고개를 갸웃했어. 팸플릿을 넘겨서 확인하고 싶었지

만, 제사가 끝날 때까지 꾹 참았어. 괜히 잘 못 넘겨서 다른 문명으로 이동하면 절대 안 되니까 말이야. "그리스는 가축을 기를 넓은 벌판이 적어. 그래서 쇠고기를 먹기가 쉽지 않지. 하지만 축제가 끝나면 아테나 신께 바친 100마리의 소를 나눠 먹는다네."라고 에라 모르게스가 말했거든. 고대 문명을 탐험하면서 단 한 번도 먹어 보지 못한 쇠고기, 절대 놓칠 수 없잖아? 수염왕은 연극이 시작될 때부터 지금까지, 쇠고기를 먹겠다는 일념으로 물 한 모금도 마시지 않았어. 배를 비울수록 고기를 더 많이 먹을 수 있을 거라 굳게 믿었지.

여 사제가 신전 안에서 제사를 지내는 동안 축제 일행은 신전을 둘러싸고 기도를 올렸어. 얼마쯤 지나자, 신전 안에서 제물을 태우는 연기가 피어올랐어. 곧 신전 본관 문이 열리고 제사장이 밖으로 나왔지. 제사가 끝난 거야. 사람들은 환호성과 감사의 말을 쏟아 냈어. 그리고 다시 축제의 행렬이 악기를 연주하고, 춤을 추며 아크로폴리스를 떠나 아고라로 내려갔어. 신을 대접하는 제사가 끝나고 이제부터는 먹고 마시고 춤추는 아테네 사람들의 축제가 시작되는 거야.

아고라에 차려진 테이블 앞에 앉자, 쇠고기와 과일, 말랑한 빵과 올리브유, 생선구이, 포도주 등이 가득 차려졌어.

　수염왕은 접시를 향해 손을 쭉 뻗었어. 포크로 큼직한 고기를 푹 찍었어. 눈은 튀어나올 듯 커지고, 입에는 침이 고였어. 고기를 입에 넣으려는 순간, 에라모르게스가 수염왕에게 물었어.

　"이건 무슨 대본인가?"

　그러고는 살짝 팸플릿을 넘겼지.

　"안 돼!"

　수염왕이 비명을 질렀지만, 이미 수염왕은 시간 속으로 사라지고 있었어.

아테네 신이 아테네시를 만들었다고요? 진짜로 아테네 신이 살았던 것은 아닐 것 같고, 혹시 고조선을 세운 단군처럼, 아테네라는 정치지도자가 있었던 건 아닐까요?

짝짝짝. 우리나라의 역사와 그리스의 역사를 연결해서 생각하다니, 정말 대단하다! 그런데 아테네라는 사람이 정말 있었는지는 알 수 없으니, '아테네'는 그리스의 여신으로 알고 있자.

하지만 고대 그리스에서 전해지는 신화가 다 근거 없는 것은 아니야. 그리스 신화 중에 몸은 사람이고 머리는 황소인 미노타우로스가 있지? 크노소스 궁에 있는 미궁에 살며 사람을 제물로 잡아먹었다지. 그리스는 그리스 본토와 주변의 섬으로 이뤄진 나라인데, 실제로 그리스 본토 아래 있는 크레타섬에는 미노아 사람들이 지은 크노소스 궁이 있어. 크노소스 성은 방과 복도가 아주 복잡하게 지어졌어.

그런데 미노아 사람들은 미케네 사람들에게 멸망했어. 미케네 사람들은 여러 왕국을 세웠지만, 모두 같은 언어를 사용했어. 또 같은 신을 섬겼지. 유명한 제우스, 헤라, 아폴론, 아테네 등의 신을 말이야. 이때부터를 고대 그리스라고 불러. 미케네는 그리스의 여러 도시국가 중에 가장 힘이 셌어.

그리스 신화만큼 유명한 『일리아드』, 『오디세이』가 있어. 『일리아드』는 스파르타쿠스의 왕비 헬레네를 되찾기 위해 그리스의 여러 도시국가가 함께 트로이를 공격하는 이야기야. 전사 아킬레스, 왕 중의 왕인 미케네의 왕 아가멤논, 지혜로운 오디세이 등의 영웅과 트로이의 목마로 유명하지. 『오디세이』는 트로이 전쟁에서 승리한 뒤, 오디세이가 자신의 집으로 돌아가기까지의 모험이 담긴 이야기지.

사람들은 오랫동안 이 이야기가 꾸며낸 이야기라고 생각했어. 하지만 독일인 하인리히 슐리만은 이 이야기를 사실이라 믿었어. 그는 트로이와 미케네를 발견했어. 신화가 현실이 된 거야. 지금도 그리스에선 새로운 고대 유물이 발견되고 있으니, 다른 신화도 현실이 될지 몰라.

미케네 시대도 끝나고 아주 오래 지나, 기원전 750년쯤에 그리스에 수많은 마을과 도시국가가 생겼어. 이 도시국가들을 폴리스라고 불러. 수염왕이 간 아테네, 강인한 군대와 엄한 교육으로 유명한 스파르타도 이때 있었지.

사실 그리스는 산이 많고 논밭은 별로 없어. 넓은 평야도 적어서 많은 사람이 모여 살기에 적합하지 않아. 그래서 큰 국가를 세우지 못하고 마을이나 도시에 모여 살았어. 다른 고대 문명처럼 풍요롭게 살면서 문명을 발달시킬 여유가 없었지. 대신 다른 지역을 침입해서 식민지로 만들고 먹을 것, 재물, 노예를 얻는 일이 중요했어.

그러다 고대 그리스 사람들이 철을 사용하는 방법을 알게 돼. 단단한 철로 농사 도구를 만들어서 땅을 개간하고 농사를 지었어. 철로 만든 무기로 더 넓은 식민지도 건설했지. 점점 그리스는 부유해졌고 문명도 함께 발달하기 시작했어.

전쟁이 잦았던 고대 그리스의 도시국가들은 언덕을 중심으로 도시를 건설했어. 언덕에서는 적의 침입을 빨리 알 수 있고 적을 공격하고, 적의 공격을 막는 데도 유리하지. 그래서 언덕에 성채(성과 요새)를 쌓았어. 이런 언덕을 아크로폴리스라고 해. 아크로폴리스에는 신전을 세워서 신의 영역으로 정했어. 아크로폴리스 아래에 아고라와 관공서, 주택을 지었지.

친구의 질문에서 너무 먼 이야기만 했네. 고대 그리스 사람은 신의 뜻대로 살려고 했어. 그래서 폴리스를 세울 때도 신의 뜻이 가장 중요했지. 신의 도시라 생각했고, 신의 보호를 받고 싶었으니까. 그리스의 신은 폴리스의 수호신이었어. 거리와 집 곳곳에도 신의 동상과 재단을 만들고 수시로 기도를 하고, 제사를 지냈지. 그리스 신화를 보면 알겠지만, 다양한 신은 사람의 모든 삶을 맡고 있잖아. 결혼은 헤라, 사랑은 아프로디테, 금속을 다루는 재주는 헤파이토스, 지혜와 전쟁은 아테네……. 고대 그리스 사람은 태양, 달, 바다, 강, 비, 바람 등의 자연만 신으로 섬긴 것이 아니야. 사랑이나 질투, 미움, 우정 등의 사람의 감정도 신이 만든다고 생각했어. 사냥이나 전쟁 같은 사람의 행동도 마찬가지였고. 그만큼 고대 그리스 사람은 모든 생활을 신과 함께했지.

 신에게 의지하고, 중요한 결정은 신의 뜻을 물어서 결정한 고대 그리스 문명에서 정치와 철학, 과학, 수학이 발달하고 사람 중심의 문화가 발달한 것이 참 신기하지?

고대 아테네에서 현대 민주주의가 시작되었다죠?
아테네는, 정치 외에, 우리에게 어떤 영향을
주었나요?

 세계 대부분의 국가가 민주주의 정치와 자본주의 경제, 인간 중심의 문화 속에서 살지? 이건 서양에서 퍼진 거야. 그러니 서양 문화의 뿌리라고 하는 고대 그리스 문명이 우리에게 큰 영향을 주고 있는 거지.

특히 고대 아테네의 정치 제도는 큰 영향을 주고 있어. 아테네 시민은 아고라(나중엔 아고라가 좁아서 피닉스 언덕으로 장소를 옮겨.)에 모여 나랏일을 의논한 다음, 다수결로 결정했어. 수염왕이 아테네에 도착해서 사기 조각에 사람 이름을 적었지? 그건 독재자가 될지도 모를 정치인을 선택해서, 미리 10년 동안 내쫓는 제도야. 왕이나 신관, 귀족 몇 사람이 정치를 독차지하던 고대에, 아테네는 시민이 스스로 나랏일을 결정했어. 국민이 국가의 주인이고 국민의 행복을 위해 국민 스스로 국가를 다스리는(국민의, 국민에 의한, 국민을 위한 정치) 현대 민주주의를 시작한 곳이 아테네지.

고대 그리스는 세계인의 단합을 기원하는 올림픽이 시작된 곳이기도 해. 여러 폴리스로 나뉘어 있었지만, 고대 그리스 사람들은 자신을 같은 그리스 사람이라고 믿었어. 자신을 헬레네 사람이라 부르며 자부심을 느꼈지. 그들은 기원전 776년부터 4년에 한 번, 제우스의 도시인 올림피아에 모여 축제를 열고 운동 경기를 벌였어. 이 경기가 올림픽이야. 승자는 월계관을 상으로 받았고, 제우스에게 승리를 바쳤지. 지금도 올림픽 대회의 시작을 알리는 성화는 올림피아에서 가져오고 있어. 지금의 올림픽과 다른 점은, 이야기에서 에라모르게스 조상의 동상처럼, 선수들이 발가벗고 시합을 벌였다는 거야. 그래서 결혼한 여자는 경기를 볼 수 없었대. 고대 그리스에서 운동은 군사 훈련과 같았어. 전쟁에 나가 용감하게 잘 싸우기 위해 체력을 길러야 했는데, 운동하며 체력을 단련했지.

고대 그리스는 연극 공연이 시작된 곳이기도 해. 매년 아테네에서 축제와 술의 신 디오니소스 축제가 열렸어. 축제에선 연극을 상연했는데 곧 그리스 전체로 퍼졌어.

그리스의 연극은 조금 특이했어. 지금은 배우 한 명이 배역 하나를 맡아서 연기하잖아. 그런데 고대 그리스에선 배우 한 명이 무대에서 이야기 전체를 들려주고 가끔 남자들로 구성된 합창단(코러스)이 노래를 들려주는 방식이었지. 그 뒤에 배우 두 명이 등장인물을 나눠서 연기하던 것으로 발전하고, 다시 세 명의 배우가 연기하는 것으로 바뀌었지.

수염왕이 그 세 명 중 한 명이었으니 여러 역할을 하느라 힘들었을 거야.

그리고 객석과 무대의 거리가 멀어서 배우의 표정이 잘 안 보였어. 그래서 배우는 커다란 가면을 쓰고 연기했어.

하지만 무대에서 동전을 떨어뜨리는 소리도 관객이 들을 수 있을 만큼 소리는 전달이 잘되었어. 공연장을 지을 때, 소리가 잘 울려서 전달되게 설계한 덕분이야.

고대 그리스의 조각도 유명해. 그리스 조각은 살아 움직일 듯 생생하고 정교해. 옷자락 하나도 부드럽고 섬세하게 표현되어 있지. 고대 이집트의 벽화, 동상과 비교해 보면 좋을 거야. 조각은 그리스 신화에 나오는 신과 영웅, 장면을 조각한 것이 많아.

고대 그리스는 신화의 나라답게, 건축물도 신전을 중심으로 발전했어. 신전 안에 신의 동상을 모시고, 신에게 바친 제물을 보관했지. 아테네에 있는 파르테논 신전은 고대 그리스를 대표하는 건축물이야. 세계문화유산을 지정하는 유네스코의 로고에 파르테논 신전이 그려져 있지. 로마 제국과 유럽 여러 나라에서 그리스의 건축방식을 모방했어. 신이 머무는 집이기 때문에 시민은 신전에 들어갈 수 없었어. 시민이 참여하는 제사도 신전 밖에 설치한 제단에서 지냈어.

고대 아테네 시민이 직접 정치를 할 수 있었던 건, 여자와 노예가 노동을 맡아했기 때문이야. 아테네에서 태어난 성인 남자만 시민이야. 시민은 광장에 모여 토론을 하고 나랏일을 결정했지. 다양한 주제로 토론하다 보니 철학이 발전했어. 소크라테스, 플라톤, 아리스토텔레스는 모두 아테네 사람이야. 최초의 의사로 인정받는 히포크라테스도 고대 그리스 문명에서 활동했어. 지금도 의사가 되기 전에 하는 선서를 '히포크라테스 선서'라고 하지. 서양 문학의 뿌리가 된 그리스 신화 등 고대 그리스 문명은 지금도 우리에게 이어져 오고 있어.

### 수염왕의 문명 노트

고대 그리스 문명은 그리스 신을 중심으로 발전했다.
고대 아테네는 현대 민주주의가 시작된 곳이고, 고대 그리스는 올림픽이 시작된 곳이다.
철학, 의학, 수학, 문학과 건축학 등, 고대 그리스 문명은 서양 문명의 뿌리가 되었다.
(지금 생각해 보니, 최고의 비극 작품인 「오이디푸스」 공연에서 연기한 건 영광이었어!)

# 8

# 신비한 마야 문명

"이곳이 신비한 마야구나."

빽빽하게 자란 울창한 열대우림 사이로 시멘트를 씌운 하얀 길이 치첸이트사로 뻗어 있었어. 나무 사이로 옥수수를 심은 계단식 밭이 보였어. 옥수수를 가득 담은 보자기를 이마에 둘러맨 마야 사람들이 수염왕 옆을 지나쳤어.

"헉! 저러다 목 부러지는 거 아냐?"

수염왕은 고개를 절레절레 저었어.

치첸이트사는 도시 가운데에 거대한 석조 피라미드, 쿠쿨칸 신전이 있고 그 주위에 크고 작은 신전들이 있었어. 마치 신전의 도시 같았지.

수염왕은 독수리 재단과 재규어 재단을 둘러봤어. 재단 벽은 사람의 심장을 움켜쥔 독수리, 재규어의 모습이 부조로 조각되어 있었어.

"여긴 야생 동물이 사람을 잡아먹는 사고가 잦은가 보네."

수염왕은 중얼거리며 펠로따 경기장으로 들어섰어. 경기장 벽도 부조가 새겨졌는데, 벽 위쪽에는 작은 골대가 달려 있었어. 경기장 위에는 재규어 신전이 있었지. 신전에 들어서자 경기장이 내려다보이는 곳에 의자가 딱 하나 있었어. 의자에는 재규어가 사람의 심장을 물고 있는 모습이 새겨져 있었지. 수염왕은 의자에 살짝 앉아 봤어. 그런데 이상하게 온몸에 소름이 쫘악 돋는 거야.

그때였어.

딱.

누군가 수염왕의 머리를 세게 내리쳤어.

"악! 뭐야, 뭐야, 뭐냐고?"

수염왕이 소리를 지르며 돌아봤어. 박박 깎은 머리의 키니치가 품에 둥근 석판을 안은 채 수염왕을 노려보고 있었어.

"한때는 왕이었으며 지금은 아주아주 부자이고 마음씨도 상당히 좋은 나, 수염왕의 소중한 머리를 때린 녀석이 바로 너냐?"

"너야말로, 위대한 왕이 앉는 의자에 앉아서 뭘 하는 거지? 신전 병사를 부를까?"

키니치의 말에 수염왕은 발딱 일어났어.

"보아하니, 포커토크 선수인 것 같은데, 그만 돌아가서 목욕재계나 하라고."

"목욕을 하라고? 지금 내가 더럽다는 거야? 쳇, 쪼끄만 녀석이 어른님에게 반말이나 하고 말이야."

"뭐라고? 평민 주제에 감히 신관인 내게 대들어? 신전 병사를 불러야겠군."

키니치가 수염왕에게 바짝 다가서며 위협했어.

'뭐야, 고대 마야에서도 나는 또, 신분이 낮은 거야? 에이 참, 억울해서 못 살겠네.'

수염왕은 짜증이 솟구쳤지만, 어쩔 수 없었지.

"용서하십시오. 제가 고귀한 신관님을 몰라 뵀습니다."

수염왕은 머리가 땅에 닿도록 허리를 숙였어. 그제야 수염왕은 자기 몸을 봤어. 하나로 가지런히 묶은 머리에, 허리엔 짧은 흰 천을 두른 다음, 두꺼운 허리띠를 찼어. 허벅지와 팔목엔 보호대를 찼고 한 손엔 고무공을 들고 있었지.

'이 복장은 또 뭐냐! 답답한 보호대는 뭐고, 이 공은 또 뭐냐고?'

수염왕은 자기 모습에 저절로 한숨이 나왔어. 하지만 이곳 사람

인 척해야 했어.

"그, 그렇습니다. 제가 포크, 그, 그러니까 공 선수입니다."

수염왕이 얼른 공을 바닥에 튕기며 말했어. 바닥에서 튕겨 올라온 공은 생각보다 묵직해서 몸이 휘청거렸어.

"푸하하하. 뭐야, 정말 재밌는 녀석이잖아? 너, 진짜로 정체가 뭐냐? 혹시 적국에서 온 간첩이냐?"

"아닙니다. 오늘, 처음 이곳에 와서 아무것도 모르는 것뿐입니다. 앗, 아니 그렇다고 간첩은 절대 아닙니다. 믿어 주십시오."

수염왕은 두 손을 모으고, 땅에 닿도록 머리를 조아렸어.

"이 석판을 들고 따라와."

키니치는 품고 있던 둥근 석판을 수염왕에게 슬쩍 떠넘기고는 앞장섰어. '에휴.' 수염왕은 키니치를 따라갈 수밖에 없었어.

"내가 어떤 사람인지 보여 주지. 잘 들어 보라고."

쿠쿨칸 신전 앞에 도착하자, 키니치가 수염왕을 돌아보며 씨익 웃었어. 그리고는 신전 앞에서 서서 짝, 짝 박수를 쳤지. 그러자 신전에서 새소리 같기도 하고 들짐승이 울부짖는 것 같기도 한 소리가 되돌아왔어. '꺙, 꺙?' 수염왕은 눈이 휘둥그레졌어. 마야 문명의 신비를 맛본 기분이랄까?

"어때? 쿠쿨칸 신께선 신관에게만 응답해 주신다고."

키니치는 턱을 치켜든 채, 앞장섰어.

두 사람은 사방에 해골 머리가 가득 조각된 납골당 쏨반들리와 수백 개의 돌기둥 뒤에 서 있는 전사의 신전을 지났어. 치첸이트사의 시장과 커다란 샘까지 지나, 까라꼴 천문대에 도착했어. 천문대는 높은 단 위에 세워졌는데 원통 모양의 건물에, 나선형의 계단이 둥근 천정까지 이어졌어.

수염왕은 키니치를 따라 연구실에 들어갔어. 연구실 책상엔 점과 선으로 그려진 부호와 복잡한 그림 문자가 가득한 책과 종이가 쌓여 있고, 벽에도 복잡한 그림이 가득했어.

"이게 다 뭡니까? 이곳은 뭘 하는 곳입니까?"

"이곳은 별, 그중에서도 특히 금성의 움직임을 연구하는 곳이야. 별의 움직임을 알아야 신의 뜻을 알 수 있으니까."

"별을 연구하는 건 천문학이고, 신의 뜻을 알아내는 건 종교학이잖아요. 두 학문이 무슨 상관이 있죠?"

수염왕이 물었어.

"자네는 참 바보 같은 소리만 하는군. 별은 우리 마야를 보호하는 신이잖아. 그러니 신의 뜻을 알려면 별을 관찰해야지."

키니치가 턱을 치켰어. 잘난 척하는 모습이 마음에 들지 않을 법도 한데, 수염왕은 연신 고개만 끄덕였어.

"저 그림들은 뭘 표현한 겁니까?"

"그것은 태양과 달, 금성과 화성의 움직임을 표시한 거야."

"그럼, 이곳에 천체 망원경이 있다는 말씀인가요? 제가 알기론 천체 망원경은 1609년 이탈리아의 갈릴레이가 발명했는데요."

"망원경? 그게 뭔지는 모르지만, 우린 두 눈으로 별을 관찰해. 늘 같은 장소, 같은 시간에 별들을 보고 그 별들이 어디에 있는지를 표시하지. 그러다 보면 지구가 태양의 주위를 도는 데 얼마나 많은 시간이 걸리는지, 달이 해를 가리는 일식과 달이 지구의 그림자에 가려지는 월식이 언제 일어나는지 알 수 있지."

키니치가 아주 중요한 비밀이라도 말한다는 듯, 수염왕에게 속삭였어. 키니치의 얼굴은 아주 진지했지. 수염왕 역시 진심으로 감탄했어. 지구가 태양의 주위를 돈다는 사실 역시, 코페르니쿠스가 제일 먼저 주장한 줄만 알았는데 이미 고대 마야 사람들은 알고 있었다는 거잖아.

"이 둥근 판은 뭡니까? 이 그림들은 뭘 표현한 거죠?"

수염왕은 자기가 들고 온 석판을 가리켰어. 둥근 석판은 아주 섬

세하고 복잡한 선과 그림으로 가득했는데, 뭔가 아주 심오한 내용이 담긴 것 같았어.

"그건 마야의 달력이야. 마야의 달력은 촐낀과 하압, 박툰, 이렇게 세 종류야. 사람들은 지구가 태양의 주위를 한 바퀴 도는 데는 365일이 걸린다지만, 정확하게는 365.2420일이 걸리지. 달은 29.53020일 동안 지구 주위를 돌고."

짝짝짝.

수염왕은 저절로 박수가 쳐졌어. 고대 마야 사람이 21세기에 사는 수염왕보다 더 정확하게 1년이 며칠인지를 알고 있잖아.

"어때? 이제 신관이 얼마나 중요하고 성스러운 일을 하는지 잘 알겠지?"

"정말 대단합니다. 그런데 왜 마야는 천문학과 수학, 종교학 등이 발달한 걸까요?"

수염왕은 궁금했어. 이곳까지 오는 동안 보니, 마야인은 수레가 없어서 짐을 이마에 지고 다녔어. 아직 철이나 청동기도 모르는 것 같았지. 그런데 별을 관찰하고, 숫자로 계산해서 이런 놀라운 달력을 만들었잖아.

"정확한 건 아니지만, 나는 이렇게 생각해. 이곳은 정글이잖아.

176

농사짓기에 최악인 곳이지. 하지만 농사를 짓지 않으면 우린 모두 굶어 죽어야 해. 그러니 하늘을 잘 알아야 농사를 짓는 데 도움이 될 거 아냐. 난 하늘을 열심히 관찰해서 정확한 일기 예보를 할 거야. 그래서 우리 마야에 풍년이 들게 할 거야."

짝짝짝. 수염왕은 다시 박수를 쳤어. 잘난 척하는 건방진 꼬마라고만 생각했는데, 키니치는 기특한 녀석이었어.

"에이 뭘. 사실, 나는 자네도 대단하다고 생각해. 내 생각과는 안 맞지만 말이야."

"제가 대단하다고요? 제가 뭘 했는데요?"

"자네는 포커토크 선수잖아, 용감한 전사."

키니치는 처음으로 수염왕을 보며 웃었어. 하지만 왠지 씁쓸해 보였지.

"대신관님께선 쿠쿨칸과 여러 신을 위해서는 사람을 제물로 바쳐야 한다고 말씀하시지. 하지만 난, 마야를 보살피는 신들이 마야 사람의 죽음을 원하실 것 같지 않거든. 자넨 내 말에 반대하겠지만 말이야."

"사람을 제물로 바친다고요? 전 절대, 완전히, 전적으로 반대입니다."

"하지만 내일 포커토크 경기가 끝나고 나면, 자넨 경기장에서 바로, 풍년을 기원하며 옥수수 신에게 심장을 바치게 되잖아."

"뭐라고요? 내 심장을, 바친다고요?"

수염왕은 정말 심장이 튀어나올 것 같았어.

"아니야, 아니야. 이건 뭐가 잘못된 거야. 내가 왜……? 난 마야 신인지, 뭔지도 믿지 않아. 난 옥수수도 싫어한단 말이야."

수염왕은 너무 놀라서 팔짝팔짝 뛰었어. 그 바람에 허리춤에 넣은 팸플릿이 바닥에 떨어졌어. 하지만 수염왕은 그저 팔자수염을 배배 꼬며 연구실을 빙빙 돌 뿐이었지.

"어지러워. 가만히 좀 있어 봐."

키니치가 수염왕을 잡으며 말했어.

"전 도망칠 겁니다. 그럼, 안녕."

수염왕은 후다닥 천문대 밖으로 달려나갔어.

키니치도 뒤따랐어.

그런데 어떻게 알았는지 병사들이 수염왕을 잡으러 쫓아왔어.

"거기 서라. 제물이 달아나다니!"

수염왕은 숨이 턱에 차도록 달렸어. 도시를 벗어나자 눈앞에 커다란 샘, 세노테가 나타났어.

"어쩌지?"

수염왕은 뒤를 돌아봤어. 병사들이 무시무시한 소리를 지르며 달려오고 있어. 당장이라도 철보다 날카로운 흑요석 창을 던질 것 같았어. 병사들 뒤로 키니치도 달려오고 있었어. 뭐라고 소리치는 것 같았지만, 병사들의 고함 때문에 들리지 않았어.

'그래, 팸플릿을 펼쳐서 이곳을 떠나야지.'

수염왕은 품에서 팸플릿을 찾았어. 하지만 팸플릿이 없었어.

"뭐야, 내 팸플릿, 내 생명의 동아줄이 어디로 간 거야? 으아악! 미치겠네."

수염왕은 팔자수염을 질겅질겅 씹었어. 그러고는 키니치에게 소리쳤어.

"전 신의 제물 따윈 되지 않을 거예요. 난 살 겁니다!"

수염왕은 세노티를 내려다봤어. 세노티의 수면이 달빛에 은은하게 반짝였어. 하지만 그 속은 어둡기만 했어.

수염왕은 숨을 들이마시고 눈을 질끈 감은 채, 세노티로 뛰어내렸어.

"안 돼!"

신전 병사들을 헤치고 키니치가 세노티에 다다랐어. 키니치는 털

썩 무릎을 꿇었어.

"바보같이……. 이 샘은 차크 신이 사는 샘이라고."

키니치는 세노티를 내려다보며 중얼거렸지.

푸우. 푸우. 푸우.

수염왕은 거세게 입으로 숨을 내쉬며 팔을 휘저었어. 이 어둡고 차가운 샘에서 빠져나가야 한다는 생각뿐이었지. 하지만 아무리 헤엄쳐도 물을 벗어날 수가 없었어. 점점 몸에 힘이 빠졌어. 그만 포기할까? 수염왕은 팔 젓기를 멈췄어. 그때였어.

"수염왕 씨, 수염왕 씨! 손님을 불러놓고 언제까지 잠을 잘 건가요? 벌써 이 팸플릿을 두 번이나 읽었다고요."

수염왕은 슬며시 눈을 떴어.

온난화 여사가 팔짱을 낀 채, 소파에서 자는 수염왕을 노려보고 있었어. 수염왕이 테이블 위에 올려둔 팸플릿을 돌돌 말아 쥐고 있었지.

"살았구나!"

수염왕은 깊게 숨을 내쉬었어. 그러고는 온난화 여사를 보며 빙그레 웃었어.

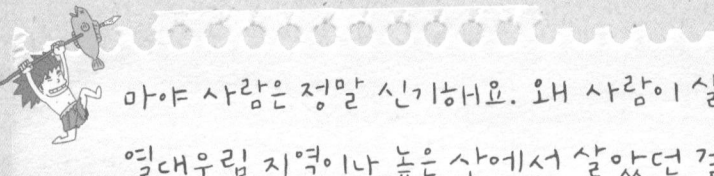
마야 사람은 정말 신기해요. 왜 사람이 살기 어려운 열대우림 지역이나 높은 산에서 살았던 걸까요?

　　마야 문명은 멕시코와 과테말라 등의 중앙·남아메리카에서 발전한 문명이야. 250년쯤에 도시국가를 건설해서, 1500년대에 에스파냐 군대에게 정복당해서 멸망했어. (그래서 '고대'라는 말을 붙이기도, 안 붙이기도 해.) 마야 문명은, 두툼한 입술과 납작한 코가 인상적인 거대한 두상을 만든 올멕 문명, 이집트의 피라미드와 비교되는 태양의 신전을 세운 테오티와칸 문명의 영향을 받은 것 같아. 테오티와칸은 인구가 20만 명이나 되었다니 어느 고대 도시보다 크고 발전한 도시였을 거야.

　　'마야 문명의 신비, 수수께끼'라는 표현을 들어 봤을 거야. 그들이 세운 거대한 피라미드 모양의 신전과 태양·달·금성을 정확하게 관측한 천문학 기술, 달력 제작 기술과 놀라운 수학 능력, 묘하게 생긴 글자까지……. 하지만 왜 고대 마야 사람들이 덥고 습하고 위험한 동식물이 가득한 열대우림에 살았는지가 가장 궁금해. (아쉽지만 그 이유는 아직 밝혀지지 않았어.)

　　하지만 이미 알려진 마야 문명도 신비한 것이 많아. 수염왕이 옥수수 신의 제물이 될 뻔했지? 고대 마야 사람은 옥수수를 주식으로 먹은 것 같

아. 그래서 옥수수가 중요했고 옥수수 신도 정성껏 섬겼어. 신이 인간을 만들었다는 신화가 참 많은데, 고대 마야의 신화에선, 신이 진흙으로 사람을 만들었다가 실패하고 다시 나무로 사람을 만들었지만 역시 실패했어. 그래서 옥수수 가루로 사람을 만들었는데, 이번엔 성공한 거야. 옥수수 사람이 바로 마야 사람인 거지.

하지만 마야에서 농사를 짓는 것은 아주 힘든 일이었을 거야. 나무에 불을 질러 농사지을 곳을 만들고, 산을 깎아서 계단식 농사를 지어야 했지. 흙도 영양분이 적었고 밭에 물을 끌어오는 것도 힘들었어. 게다가 청동기나 철로 만든 도구도 없었어. 과학 기술은 놀랍게 발전했는데 여전히 돌로 만든 도구를 사용했지.

마야에선 수레바퀴도 사용하지 않았어. 거대한 피라미드 신전을 지은 돌을 어떻게 운반했는지도 수수께끼로 남아 있지. 마야 사람은 깃털 달린 뱀을 신으로 섬겼어. 실제로는 열대우림에 사는 케찰이라는, 꼬리가 긴 새라고 해. 이야기에서 등장하는 쿠쿨칸 신전에선 추분과 춘분에 쿠쿨칸 신이 하늘에서 땅으로 내려오는 모습을 신전 북쪽 계단에서 볼 수 있어. 태양이 지면서 계단에 구불구불한 긴 그림자를 만들어. 그 모습이 마치 뱀이 하늘에서 내려오는 모습과 같지. 계단 제일 아래에 쿠쿨칸 머리를 조각했는데, 긴 그림자가 쿠쿨칸 머리와 만나면서 뱀의 신, 쿠쿨칸이 하늘에서 내려온 것처럼 보이지. 그런 효과가 생기도록 신전을 만들 때, 태양이 언제, 어떤 각도로 지는지를 정확하게 알고 있어야 해.

수염왕이 가지고 있던 포커토크 공은 고무로 만든 거라, 아주 무거워. 잘못 맞으면 뼈가 부러질 수도 있지. 포커토크는 공을 던져서 경기장 양쪽에 있는 고리를 통과하게 하는 경기야. 그런데 공을 손으로 만지면 안 되고, 다리나 어깨, 허리, 머리 등만 이용해야 해. 땅에 떨어뜨려서도 안 되지. 정말 힘든 경기였을 거 같지? 마야를 세운 쌍둥이 형제가 포커토크를 잘했다고 해. 그 후손이 마야 사람들이니 포커토크는 신에게 바치는 제사 의식이었어. 경기에서 진 팀 선수들(혹은 이긴 팀 대표)은 경기가 끝나고 제물로 바쳐졌다고 하지.

고무 수액으로 공만 만든 것은 아니야. 고무나무에서 받은 수액에 발을 담갔다가 말리면, 고무신같이 되겠지? 우리가 신는 운동화 밑창이 고무인 것도 마야 문명의 영향은 아닐까?

참, 0이라는 숫자를 처음 사용한 곳도 고대 마야였어. 0은 '아무것도 없는 상태'를 표시하지? 하지만 굳이, 아무것도 없다는 것을 왜 표시해야 할까? 만약 숫자 0이 없었으면, 50과 5를 어떻게 구분하겠어? 101과 11은 또 어떻게 구분하고. 마야 문명에는 재밌고 신기한 것이 참 많지?

쏨반들리에 해골이 가득 조각되어 있다니 조금 무서워요. 또 포커토크 경기가 끝나면 수염왕을 제물로 바칠 거라잖아요. 고대 마야 사람은 잔인한 사람들인가요?

마야 문명뿐 아니라 근처에서 발달한 아스텍, 잉카 문명에서도 산 사람을 제물로 바쳤어. 그 전에 있던 문명들의 영향이라고 해. 하지만 그들이 다른 사람을 괴롭히기 위해, 재미로 사람을 제물로 바친 것은 아니야. 제물로 바칠 사람을 구하기 위해 전쟁을 벌이고, 포로를 잡아 제물로 바쳤다고도 하지만, 제물이 되는 것을 명예로 생각해서 스스로 자원하는 사람도 있었어. 왕과 왕비, 귀족도 스스로 피를 내어 신에게 바쳤지.

고대 마야 문명이 발달한 지역은 숲이 우거진 열대 밀림 지역이 많아. 열대우림 지역은 덥고 폭우가 쏟아지는 곳이야. 큰 나무가 뒤덮은 숲은 햇빛이 들지 않고, 폭우는 땅에서 영양분을 쓸어가지. 큰 강이 땅을 비옥하게 만들어 주었던 다른 고대 문명과 다르지? 거대한 밀림, 농작물이 잘 자라지 않는 땅에 살면서 그들은 여러 신에게 의지해서 살았어. 특히 태양과 태양의 쌍둥이별 금성을 중요시했지. 물론 주식이었던 옥수수의 신도 섬겼고.

고대 마야 사람은 태양도 태어나고 죽는다고 생각했어. 태양이 죽으면, 인류도 멸망할 거라 믿었지. 그래서 태양이 죽지 않도록 돕기 위해 살아 있는 사람의 심장을 바친 거야. 신성한 샘, 세노테에도 비가 오길 빌며 제물을 던졌지. 또 신이 비를 내려서 농사를 짓게 해 주니, 대신 자신의 피를 신에게 드렸다고 하지. 지금 우리가 생각하면 잔인하고 무서운 일이지만, 고대 마야 사람은 자신과 가족을 지키기 위해 노력한 거야.

고대 이집트 사람처럼, 고대 마야 사람도 아침에 떠오른 태양이 저녁엔 서쪽 지평선 아래로 사라지는 것을 신비하게 여겼어. 과학이 발달해서, 우리는 지구가 자전(스스로 한 바퀴 도는 것)하기 때문에, 매일 아침 동쪽에서 태양이 뜨고 저녁엔 서쪽으로 태양이 지는 것을 알아. 또 태양은 불타는 별이라 지구까지 열을 보내주고 밝게 해 준다는 것도 알지. 하지만 우리가 이런 사실을 모른다면 어떨까? 동쪽에 태양이 뜨면 날이 밝고 따뜻해져. 해가 사라지면 어둡고 추워지는 거야. 어두워진 밤하늘에 갑자기 별들이 나타나고 말이야. 정말 신기하지 않았을까? 이 모든 일은 태양 때문에 생기는 일이라 생각했으니, 태양이 얼마나 대단해 보였겠어. (실제로 대단하지!) 그래서 태양을 신으로 모셨지.

태양신의 뜻을 잘 알려면 태양을 잘 알아야겠지? 그래서 고대 마야 사람 역시, 태양을 관찰하고 연구했어. 태양이 죽으면 인류도 멸망한다고 믿었으니, 태양이 언제 뜨고, 사라지는지 등을 알려고 했던 거야. 결국 시간을 연구한 셈이지. 이야기 속 키니치처럼, 신관은 신을 섬기면서 별을 연구하는 천문학자이고 달력을 만든 역법학자이기도 했지. 그래서 고대 마야 문명은 천문학이 놀랍도록 발달했어. 그리고 1년=365.2420일이라고 밝혔

고대 마야의 대표 유물인 태양신 킨을 표현한 향로. (사진 제공: 멕시코관광진흥청)

지. 현대 과학기술로 1년이 며칠인지를 계산했더니, 365.242196일이야. 마야 문명에서 측정한 것과 겨우 17초만 차이가 나지. 지금 우리가 사용하는 달력은 로마 교황이 만든 그레고리력인데, 1년을 365.2425일로 계산하고 있어. 고대 마야 사람이 우리보다 더 정확한 달력을 사용한 거지.

고대 마야 문명이 지금도 수수께끼로 불리는 것은 늦게 발견되었기 때문이기도 하지만, 스페인 군대가 마야를 정복하면서 그들의 문명을 파괴했기 때문이야. 스페인 군인이 보기에 마야 문명은 사라져야 할 사악한 문명이었지. 친구들의 질문을 다시 생각해 보자. 사람을 제물로 쓰는 건, 있

을 수 없는 큰 죄야. 하지만 인당수에 빠진 심청이처럼, 어떤 시간, 어떤 문명에서는 사람을 제물로 바치는 일이 있었다는 것을 인정해야 할 거야. 물론 사람의 목숨은 무엇보다 소중하고, 더 많은 사람을 위해서라도 누구라도 강제로 희생시키는 것은 옳지 않다고 믿지만 말이야.

### 수염왕의 문명 노트

마야 문명의 유적지는 신전들로 채워져 있고, 그들에게 신을 섬기는 일이 가장 중요했다.

마야 문명에선 태양이 죽어간다고 믿어서, 살아 있는 사람의 심장을 제물로 바쳐서 태양을 보존하려 했다.

마야 문명에서 만든 달력은 지금 우리가 쓰는 달력보다 정확하고, 숫자 0을 처음 사용한 사람도 마야 사람이다.

(마야 문명은 역시 신비했어. 특히 귀여운 만화처럼 생긴 그림 문자를 배우고 싶더라고.)

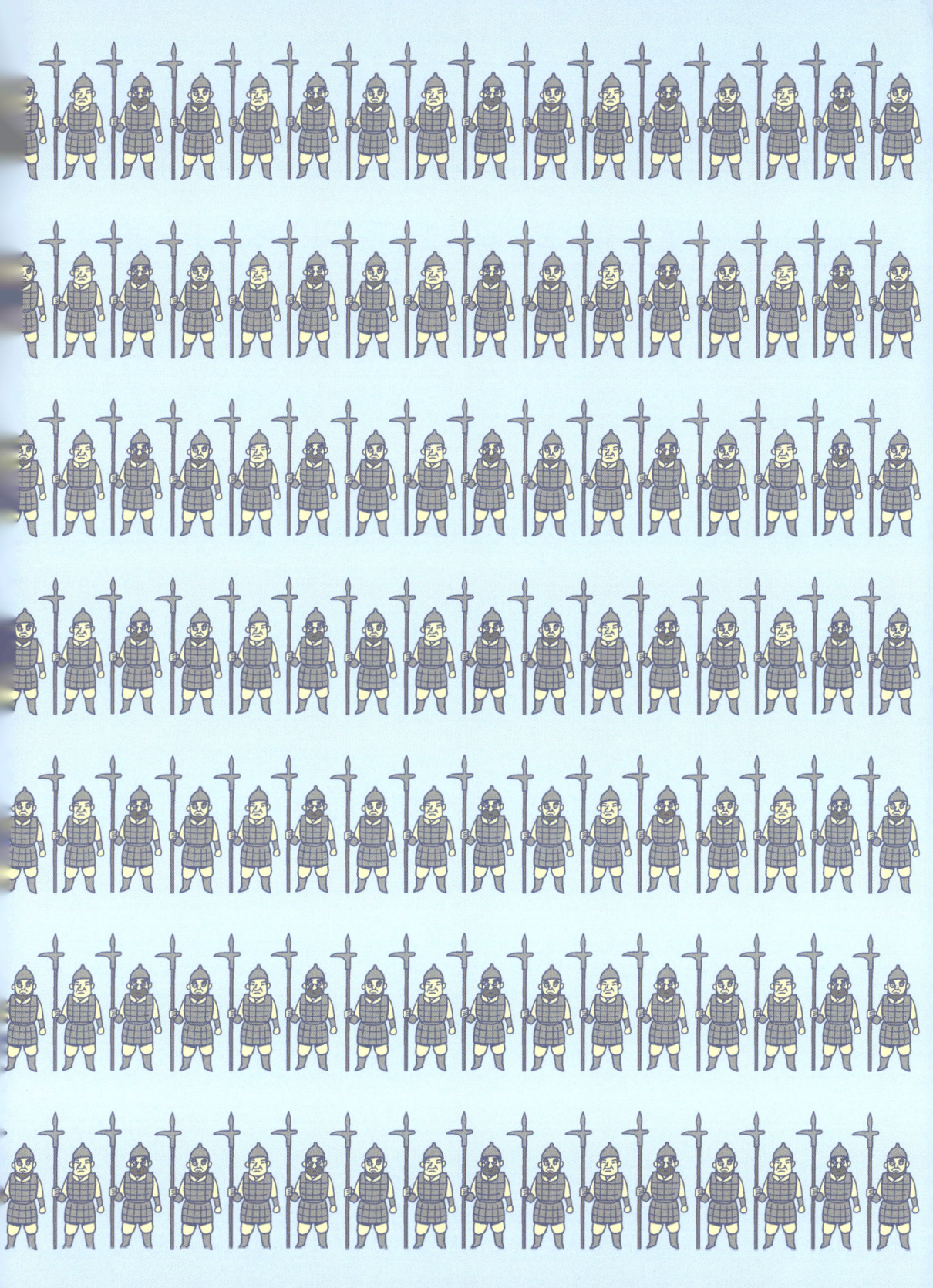

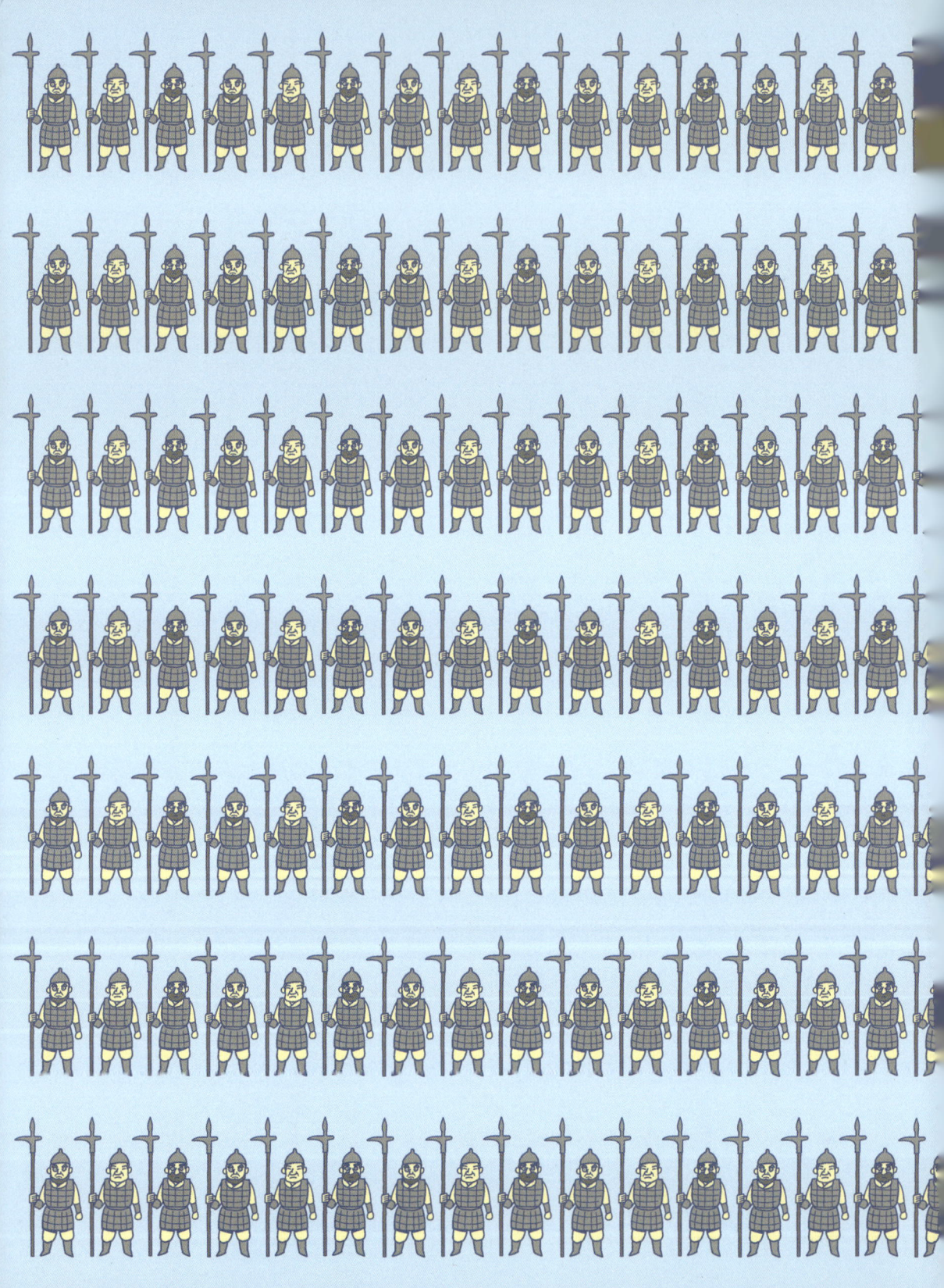